사자성경

四字聖經

사자성경
四字聖經

3. 잠언—아가

정종기 편저

홍성사.

머리말

소년 시절부터 아버지께 한학의 가르침을 받았으나 마음에 깊이 새기지 못했다. 그러다 1980년대 말 서강회書講會에서 한문 지식이 부족함을 깨닫고 큰 충격을 받았다. 한문 학습에 대한 필요성을 절실히 느껴 시중에 나와 있는 한문 서적을 구해 익혀 보았으나, 시간을 투자한 만큼의 효과를 얻지 못했다. 조급한 마음은 오히려 한문을 익히는 데 장애물이 되었고, 고루하기 그지 없는 한문 학습서들은 흥미를 떨어뜨려 여러 차례 도전과 실패를 반복했다. 그러던 중 한문 성경을 접하면서 한학에 흥미를 찾게 되었다. "성경을 알면 한문이 보인다"라는 말이 체현되는 감격의 순간순간이었다. 성경 구절을 통해 한문 학습까지 할 수 있는 일거양득의 수확을 거둘 수 있었다. 이를 성경 제자반을 운영하면서 칠언七言과 오언伍言으로 구성하여 교육해 보았으나 익숙지 않은 긴 구절 탓에 학생들 마음에 간명한 깨달음을 주기 어려웠다. 결국 한국인들에게 익숙하기도 하고 기억하기도 쉬운 형태가 사자성어四字成語임을 확인하며 사자성경으로 구성하게 되었다.

1971년 초등학교 교과서에서 한자가 사라진 뒤 한문에 대한 지식 수준은 차츰 저하되었다. 삶의 지혜이자 진리를 담고 있는 사자성어에 대한 활용도 역시 급속하게 낮아졌다. 하지만 한국어의 70퍼센트가 한자어로 되어 있기에 한국어를 제대로 이해하기 위해 한자의 어원을 이해하는 것은 필수라 하겠다.

다행스러운 것은 근래 어린이들이 한자에 부쩍 흥미를 갖게 되었고, 어휘 습득 과정에서 한자 학습의 필요성이 부각되고 있는 점이다. 초등학교 교과서에 한글 한자 병용의 도입 필요성이 대두되고 있다. 한자 교육은 언어를 익히는 기본이라 할 수 있으며 학습자들의 학문적 인식에 많은 영향을 미치기 마련이다. 한자 문화의 중요성이 다시 부각되는 현실에서 사자성경을 통해 성경 말씀을 많은 사람들의 입에서 회자되도록 한다면, 사회 인성교육의 중심 교재로, 학문의 바탕으로, 전도의 말씀으로 크게 도움이 되리라 사료된다. 사자성경이 사자성어처럼 일상 회화의 윤활유 기능으로서, 진리와 지혜를 전하는 말씀으로서 널리 회자되길 바란다.

2018년 3월

정필기

차례

일러두기

◦본서는 성경을 통해 한자를 쉽게 익힐 수 있는 학습서로, 성경 구절을 사자四字로 구성하여 가독성을 높이고,

  독자가 내용을 필경筆經할 수 있는 자리를 두었다.

  예시) 태초에 하나님이 → 太初上帝 〔클(태) 처음(초) 하늘(상) 임금(제)〕

        천지를 창조하시니라 → 創造天地 〔만들(창) 지을(조) 하늘(천) 땅(지)〕

◦언어 학습이 더 확장되도록 한문/훈독/영어/중국어 순으로 편성했다.

◦자주 사용되는 어조사(실질적인 뜻은 없고 다른 글자의 보조로 쓰이는 토) '야也', '어於', '언焉', '여歟', '재哉', '호乎' 등은 문맥에 맞게 해석하고자 했다.

◦특별히 설명이 더 필요한 한자와 영어 단어는 그 뜻을 추가해 넣었다.

◦인명과 지명은 성경에서 통용되는 발음을 중국에서 사용하는 한자어로 표기했고, 밑줄로 구분하여 놓았다.

◦성경의 내용 전부를 사언고시로 엮기에 한계가 있어, 스토리로 흐르면서도 일반적으로 널리 알려진 중요 내용을 취하여 엮었다.

◦본서에서 한글 성경은 개역한글판(1996년 발행)을 참조했다.

◦영어 성경은 NIV, KJV, NASB, GNB를 참조했다.

◦한문 성경은 漢文聖經 梨花出版社, 國漢文聖經全書, 現代中文譯本修整版 聖經, 新舊約全書 上帝版 聖經을 참조했다.

◦본서의 한자수는 약 3,600자이며, 겹친 한자를 제외하면 2,700자 이상을 익힐 수 있다.

◦독자들이 필경하기 좋도록 180도 펼칠 수 있는 PUR 제본을 하였다.

◦한국저작권위원회 인문학 분야 특허로 아래와 같이 저작권등록이 되어 있다.

1권 창세기-욥기: 제 C-2016-003020호

2권 시편: 제 C-2016-003021호

3권 잠언-아가: 제 C-2016-004076호

4권 이사야-에스겔: 제 C-2016-012849호

5권 다니엘-말라기: 제 C-2016-017283호

6권 마태복음-요한복음: 제 C-2016-018658호

7권 사도행전-갈라디아서: 제 C-2016-019278호

8권 에베소서-요한계시록: 제 C-2016-020202호

箴	言
경계(잠)	말씀(언)

잠언

구약성서의 스무 번째 경서. 잠언은 사람이 살아가는 데 삶의 지표가 되는 교훈의 말로, 히브리 민족의 지혜의 경서다. 주로 솔로몬왕의 경계와 교훈을 내용으로 한다. 하나님을 경외함이 지혜의 삶임을 강조한다.
PROVERBS

以	色	列	王
써(이)	빛(색)	벌일(열)	임금(왕)

이스라엘 왕

大	衛	之	子
큰(대)	지킬(위)	~의(지)	아들(자)

다윗의 아들

이스라엘 왕 다윗의 아들 (잠 1:1)

King of Israel, the son of David,

以色列王大卫儿子

卽	所	羅	門
곧(즉)	바(소)	그물(라)	문(문)

솔로몬의

其	之	箴	言
그(기)	~의(지)	경계(잠)	말씀(언)

잠언이다.

卽	所	羅	門

其	之	箴	言

솔로몬의 잠언이라. (잠 1:1)

The proverbs of Solomon.

所罗门的箴言.

使	知	智	訓
시킬(사)	알(지)	지혜(지)	가르칠(훈)

(이는) 지혜와 훈계를 알게 하며,

使	知	智	訓

通	達	哲	言
통할(통)	통달(달)	밝을(철)	말씀(언)

명철의 말씀을 깨닫게 한다.

通	達	哲	言

(이는) 지혜와 훈계를 알게 하며 명철의 말씀을 깨닫게 하도다. (잠 1:2)

To know wisdom and instruction, to discern the sayings of understanding.

要使人晓得智慧和训诲, 分辨通达的言语,

使	拙	者	明
시킬(사)	어리석을(졸)	사람(자)	밝을(명)

少	子	獲	知
젊을(소)	아들(자)	얻을(획)	알(지)

어리석은 자를 슬기롭게 하며,

젊은 자에게 지식을 얻게 하는 것이다.

어리석은 자를 슬기롭게 하며 젊은 자에게 지식을 얻게 하는 것이라. (잠 1:4)

*拙(졸): 옹졸하다, 어리석다, 둔하다, 서투르다.

For giving prudence to the simple, knowledge and discretion to the young.

*pru·dence [prúːdəns] n. 슬기로움, 신중, 세심, 사려, 분별, 빈틈없음.

使愚人灵明, 使少年人有知识和谋略.

哲	者	聞	之
밝을(철)	사람(자)	들을(문)	갈(지)

지혜 있는 자는 듣고

增	益	學	問
더할(증)	더할(익)	배울(학)	물을(문)

학식이 더할 것이다.

哲	者	聞	之

增	益	學	問

지혜 있는 자는 듣고 학식이 더할 것이요, (잠 1:5)

A wise man will hear and increase in learning,

使智慧人听见, 增长学问.

明	者	聞	之
밝을(명)	사람(자)	들을(문)	그것(지)

명철한 자는 듣고

明	者	聞	之

開	廣	智	謀
열(개)	넓을(광)	지혜(지)	꾀(모)

넓게 지략을 펼 것이다.

開	廣	智	謀

명철한 자는 듣고 넓게 지략을 펼 것이라. (잠 1:5)

And a man of understanding will acquire wise counsel.

使聪明人得着智谋.

悟	智	者	詞
깨달을(오)	지혜(지)	사람(자)	말씀(사)

悟	其	隱	語
깨달을(오)	그(기)	숨길(은)	말씀(어)

지혜 있는 사람들의 말을 깨닫고,　　　　　**그 오묘한 말도 깨달을 것이다.**

悟	智	者	詞

悟	其	隱	語

지혜 있는 사람들의 말과 그 오묘한 말을 깨달으리라. (잠 1:6)

*及(급): 미치다, 이르다, 함께하다, ~와, 및, 급제.

To understand the words of the wise and their riddles.

懂得智慧人的言词和谜语。

敬	畏	上	帝
공경(경)	두려울(외)	하늘(상)	임금(제)

여호와를 경외하는 것이

知	識	之	端
알(지)	알(식)	~의(지)	시초(단)

지식의 근본이다.

敬	畏	上	帝

知	識	之	端

여호와를 경외하는 것이 지식의 근본이다. (잠 1:7)

*端(단): 바르다, 시초, 처음, 일의 단서, 끈, 까닭, 원인, 조짐, 생각, 단정하다.

The fear of the Lord is the beginning of knowledge.

敬畏耶和华是知识的开端;

當	聽	父	訓
마땅(당)	들을(청)	아버지(부)	가르칠(훈)

아버지의 훈계를 들으며,

當	聽	父	訓

勿	棄	母	敎
말(물)	버릴(기)	어머니(모)	가르칠(교)

네 어머니의 교육을 떠나지 말라.

勿	棄	母	敎

아버지의 훈계를 들으며 네 어머니의 교육을 떠나지 말라. (잠 1:8)

Your father's instruction and do not forsake your mother's teaching.

我儿, 要听你父亲的训诲, 不可离弃你母亲的指教;

首	之	華	冠
머리(수)	~의(지)	빛날(화)	관(관)

(이는) 네 머리의 아름다운 관이요,

項	之	金	索
목(항)	~의(지)	황금(금)	사슬(삭)

(네) 목의 금 사슬이다.

首	之	華	冠

項	之	金	索

(이는) 네 머리의 아름다운 관이요 (네) 목의 금 사슬이니라. (잠 1:9)
*索(삭, 색): 사슬, 동아줄, 새끼줄, 찾을(색), 더듬을(색), (예: 索莫삭막, 索出색출)

Indeed, they are a graceful wreath to your head and ornaments about your neck.
*or·na·ment [ɔːrnəmənt] n. 꾸밈, 장식, 장신구.

因为这要作为你头上的华冠, 项上的金链.

惡	人	誘	爾
악할(악)	사람(인)	꾈(유)	너(이)

악한 자가 너를 꾈지라도

惡	人	誘	爾

切	勿	依	從
끊을(절)	말(물)	의지할(의)	따를(종)

절대로 따르지 말라.

切	勿	依	從

악한 자가 너를 꾈지라도 절대로 따르지 말라. (잠 1:10)
*切勿(절물): 절대 ~하지 말라.

If sinners entice you, do not consent.
*en·tice [entáis] vt. 꾀다, 유혹하다.　*con·sent [kənsént] vi. 따르다, 동의하다, 찬성하다, 승인하다, 허가하다.

我儿, 恶人若引诱你, 你不可随从.

我	欲	設	伏
우리(아)	하고자할(욕)	도모할(설)	엎드릴(복)

우리가 가만히 엎드렸다가

我	欲	設	伏

殺	人	流	血
죽일(살)	사람(인)	흐를(류)	피(혈)

사람의 피를 흘리자.

殺	人	流	血

우리가 가만히 엎드렸다가 사람의 피를 흘리자. (잠 1:11)

*設(설): 베풀다, 도모하다, 세우다, 진열하다, 허락하다, 설립하다.

Let us lie in wait for blood.

我们要埋伏流人之血,

我	子	勿	與
나(아)	아들(자)	말(물)	같이할(여)

내 아들아 함께하지 말 것은

我	子	勿	與

彼	同	行	道
그(피)	함께(동)	갈(행)	길(도)

그들과 함께 길에 다니는 것이다.

彼	同	行	道

내 아들아 그들과 함께 길에 다니지 말며, (잠 1:15)

My son, do not walk in the way with them,

我儿, 不要与他们同行一道,

禁	止	爾	足
금할(금)	그칠(지)	너(이)	발(족)

네 발을 금하여

禁	止	爾	足

勿	履	其	徑
말(물)	밟을(리)	그(기)	지름길(경)

그 길을 밟지 말라.

勿	履	其	徑

네 발을 금하여 그 길을 밟지 말라. (잠 1:15)

Keep your feet from their path.

禁止你脚走他们的路.

非	義	之	利
아닐(비)	옳을(의)	~의(지)	이로울(리)

의롭지 않은 이익은

致	人	喪	命
이를(치)	사람(인)	잃을(상)	목숨(명)

자기 생명을 잃게 하느니라.

의롭지 않은 이익은 자기의 생명을 잃게 하느니라. (잠 1:19)

Gains by violence, it takes away the life of its possessors.

*vi·o·lence [vбiələns] n. 불경, 불의, 폭력, 난폭, 폭행, 강간.   *pos·ses·sor [pəzésər] n. 소유자, 점유자.

凡贪恋财利的, 乃夺去得财者之命.

爾	遇	災	害
너(이)	만날(우)	재앙(재)	해할(해)

너희가 재앙을 만날 때

我	必	哂	之
나(아)	반드시(필)	웃을(신)	그것(지)

내가 웃을 것이며,

爾	遇	災	害

我	必	哂	之

너희가 재앙을 만날 때에 내가 웃을 것이며, (잠 1:26)

I will also laugh at your calamity,

*ca·lam·i·ty [kəlǽməti] n. 재앙, 재난, 참화, 재해.

你们遭灾难, 我必嗤笑.

在	懼	之	時
있을(재)	두려울(구)	~의(지)	때(시)

두려움이 있을 때

我	必	笑	之
나(아)	반드시(필)	웃음(소)	그것(지)

내가 비웃을 것이다.

在	懼	之	時

我	必	笑	之

두려움이 있을 때 내가 비웃으리라. (잠 1:26)

I will mock when your dread comes.

*mock [mɑk, mɔ(ː)k] vt. 비웃다, 조롱하다, 놀리다.　　*dread [dred] vt. 두려워하다, 무서워하다, 공포, 불안.

我就发笑惊恐临到你们.

拙	者	違	逆
어리석을(졸)	사람(자)	어길(위)	거스를(역)

어리석은 자가 등을 돌리다

拙	者	違	逆

必	殺	己	身
반드시(필)	죽을(살)	자기(기)	몸(신)

자기를 죽이며,

必	殺	己	身

어리석은 자가 등을 돌리다 자기를 죽이며, (잠 1:32)

For the waywardness of the simple will kill them,

*way·ward [wéiwərd] α. 어리석은, 제멋대로 하는, 고집 센, ~·ness n. 어리석은 자.

愚昧人背道, 必殺己身;

愚	者	安	逸
미련한(우)	사람(자)	편안(안)	편안할(일)

必	害	己	命
반드시(필)	해칠(해)	자기(기)	목숨(명)

미련한 자의 안일은

자기를 멸망시킨다.

愚	者	安	逸

必	害	己	命

미련한 자의 안일은 자기를 멸망시키느니라. (잠 1:32)

And the complacency of fools will destroy them.

*com·placen·cy [kəmpléisənsi] n. 자득, 안심, 안일, 자기만족, 위안이 되는 것.

愚頑人安逸, 必害己命.

惟	聽	我	者
오직(유)	들을(청)	나(아)	사람(자)

오직 내 말을 듣는 자는

必	安	然	居
반드시(필)	편안(안)	그럴(연)	살(거)

평안히 살며,

惟	聽	我	者

必	安	然	居

오직 내 말을 듣는 자는 평안히 살며, (잠 1:33)

*惟(유): 생각하다, 오직, 오로지, ~와, ~으로서, 예, 생각건대.

Whoever listens to me will live in safety,

惟有听从我的, 必安然居住,

必	享	平	康
반드시(필)	누릴(향)	편안할(평)	편안할(강)

평강을 누리며,

無	禍	可	畏
없을(무)	재앙(화)	옳을(가)	두려울(외)

재앙의 두려움이 없을 것이다.

必	享	平	康

無	禍	可	畏

평강을 누리며 재앙의 두려움이 없을 것이리라. (잠 1:33)
*可(가): 옳다, 가히, 허락하다, ~쯤, 정도, 가히..

Be at ease, without fear of harm.
*harm [hɑːrm] n. 해(害), 위해, 상해, 손해, 손상.

得享安静, 不怕灾祸.

聽	受	我	言
들을(청)	받을(수)	나(아)	말씀(언)

나의 말을 받아 듣고

存	心	誡	命
있을(존)	마음(심)	계율(계)	명령(명)

나의 계명을 네게 간직하라.

聽	受	我	言

存	心	誡	命

 ————————

나의 말을 받아듣고 나의 계명을 네게 간직하라. (잠 2:1)

If you accept my words and hide my commandments.

领受我的言语, 存记我得命令,

耳	聽	智	慧
귀(이)	들을(청)	지혜(지)	지혜(혜)

지혜에 귀 기울이며,

心	求	明	哲
마음(심)	구할(구)	밝을(명)	밝을(철)

네 마음을 명철에 두라.

耳	聽	智	慧

心	求	明	哲

지혜에 귀 기울이며 네 마음을 명철에 두라. (잠 2:2)

Attentive to wisdom, incline your heart to understanding.

*at·ten·tive [ətÉntiv] a. 경청, 귀 기울이며, 세심한.   *in·cline [inkláin] vt. 기울이다, 몸을 굽히다, 머리를 숙이다, 귀를 기울이다.

侧耳听智慧, 专心求聪明,

呼	求	明	理
부를(호)	구할(구)	밝을(명)	다스릴(리)

지식을 불러 구하며,

呼	求	明	理

聲	爲	明	哲
소리(성)	할(위)	밝을(명)	밝을(철)

명철을 얻으려고 소리를 높이는구나.

聲	爲	明	哲

지식을 불러 구하며 명철을 얻으려고 소리를 높이는구나. (잠 2:3)

And if you call out for insight and cry aloud for understanding

呼求明哲, 扬声求聪明,

求	如	銀	子
구할(구)	같을(여)	은(은)	아들(자)

은을 구하는 것 같이(구하며)

尋	如	珍	寶
찾을(심)	같을(여)	보배(진)	보배(보)

보배를 찾는 것같이 찾으라.

은을 구하는 것이(구하며), 보배를 찾는 것같이 찾으라. (잠 2:4)

*銀子(은자): 은돈(은으로 만든 돈)

If you seek as silver and search for as treasures.

寻梢他如寻梢银子; 搜求他如搜求隐藏的珍宝,

知	識	明	哲
알(지)	알(식)	밝을(명)	밝을(철)

지식과 명철은

主	口	而	出
여호와(주)	입(구)	말이을(이)	날(출)

여호와 입에서 나온다.

知	識	明	哲

主	口	而	出

지식과 명철은 여호와 입에서 내심이라. (잠 2:6)

From Lord's mouth come knowledge and understanding.

一代过去, 一代又来。地却永远长存.

智	入	爾	心
지혜(지)	들(입)	너(이)	마음(심)

지혜가 네 마음에 들어가며,

智	入	爾	心

知	識	爲	樂
알(지)	알(식)	할(위)	즐거울(락)

지식이 (네 영혼을) 즐겁게 할 것이다.

知	識	爲	樂

지혜가 네 마음에 들어가며 지식이 (네 영혼을) 즐겁게 할 것이요. (잠 2:10)

For wisdom will enter your heart and knowledge will be pleasant.

智慧必入你心; (你的灵)要以知识为美.

謹	必	保	爾
삼갈(근)	반드시(필)	지킬(보)	너(이)

근신이 너를 지키며

明	哲	護	爾
밝을(명)	밝을(철)	보호할(호)	너(이)

명철이 너를 보호할 것이다.

謹	必	保	爾

明	哲	護	爾

근신이 너를 지키며 명철이 너를 보호하리라. (잠 2:11)

Discretion will protect you, and understanding will guard you.

*dis·cre·tion [diskréʃən] n. 신중, 분별, 사려, 판단력, 명찰력.

谋略必护卫你; 聪明必保守你,

惡	人	之	道
악할(악)	사람(인)	~의(지)	길(도)

악한 자의 길에서

惡	人	之	道

救	爾	脫	之
건질(구)	너(이)	벗을(탈)	그곳(지)

너를 건져내리라.

救	爾	脫	之

악한 자의 길에서 너를 건져내리라. (잠 2:12)

*戾(려): 어그러지다, 포악하다, 사납다, 탑하다.

To deliver you from the way of evil.

要救你脱离恶人的道.

彼	離	正	道
그(피)	떠날(리)	바를(정)	길(도)

그 무리는 정직한 길을 떠나

彼	離	正	道

欲	行	暗	路
하고자할(욕)	갈(행)	어두울(암)	길(로)

어두운 길로 가려 한다.

欲	行	暗	路

그 무리는 정직한 길을 떠나 어두운 길로 행하니라. (잠 2:13)

Who leave the straight paths to walk in dark ways.

那等人舍弃正直的路, 行走黑暗的道,

喜	樂	作	惡
기쁠(희)	즐길(락)	지을(작)	악할(악)

喜	惡	人	妄
기쁠(희)	악할(악)	사람(인)	헛될(망)

행악하기를 즐거워하며　　　　　　**악인의 헛된 것을 기뻐한다.**

喜	樂	作	惡

喜	惡	人	妄

행악하기를 즐거워하며 악인의 헛된 것을 기뻐하느니라. (잠 2:14)

Who delight in doing evil and rejoice in the perversity of evil.

＊妄(망), 허망하다, 헛되다, 망령되다, 거짓, 제멋대로.

喜欢作恶, 喜爱恶人的乖僻,

彼	路	偏	僻
그(피)	길(로)	치우칠(편)	치우칠(벽)

그들의 길은 굽었고,

其	徑	歪	曲
그(기)	지름길(경)	기울(왜)	굽을(곡)

그들의 여정은 왜곡되었다.

그들의 길은 굽었고 그들의 여정은 왜곡되었도다. (잠 2:15)

Whose paths are crooked, and who are devious in their ways.

在他們的道中弯曲, 在他們的路上偏僻.

凡	正	直	人
무릇(범)	바를(정)	곧을(직)	사람(인)

정직한 사람들은

得	居	於	地
얻을(득)	거할(거)	~에(어)	땅(지)

이 땅에서 살고,

凡	正	直	人

得	居	於	地

정직한 사람들은 이 땅에서 살고, (잠 2:21)

For the upright will live in the land.

正直人必在世上居住;

亦	完	全	人
또(역)	완전할(완)	온전할(전)	사람(인)

흠 없이 사는 사람들은

亦	完	全	人

恒	存	於	地
항상(항)	있을(존)	~에(어)	땅(지)

이 땅에서 살아남아 있을 것이다.

恒	存	於	地

흠 없이 사는 사람들은 이 땅에서 살아남아 있으리라. (잠 2:21)

And the blameless will remain in the land.

完全人必在地上存留.

惟	有	惡	人
오직(유)	있을(유)	악할(악)	사람(인)

오직 악한 자들은

見	絶	於	地
볼(견)	끊을(절)	에서(어)	땅(지)

이 땅에서 끊어질 것이다.

惟	有	惡	人

見	絶	於	地

악한 자들은 이 땅에서 끊어질 것이라. (잠 2:22)

But the wicked will be cut off from the land.

惟有惡人必然剪除;

奸	詐	之	者
범할(간)	속일(사)	~의(지)	사람(자)

간사한 자들은

必	地	拔	黜
반드시(필)	땅(지)	뽑을(발)	내칠(출)

이 땅에서 뽑힐 것이다.

奸	詐	之	者

必	地	拔	黜

간사한 자들은 이 땅에서 뽑히리라. (잠 2:22)

The unfaithful will be torn from the land.

奸诈的, 必然拔出.

我	之	子	歟
나(아)	~의(지)	아들(자)	야(여)

勿	忘	教	誨
말(물)	잊을(망)	가르칠(교)	가르칠(회)

내 아들아,　　　　　　　　　**(나의) 가르침을 잊어버리지 말라.**

我	之	子	歟

勿	忘	教	誨

내 아들아 (나의) 가르침을 잊어버리지 말라. (잠 3:1)

My son, do not forget my teaching.

我儿, 不要忘记我的指教;

勿	離	仁	慈
말(물)	떠날(리)	어질(인)	사랑(자)

인자함이 떠나지 않게 하며

勿	離	仁	慈

勿	離	誠	實
말(물)	떠날(리)	정성(성)	열매(실)

성실함이 떠나지 말게 하고,

勿	離	誠	實

인자함이 떠나지 않게 하며 성실함이 떠나지 말게 하고, (잠 3:3)

Do not let kindness and truth leave you,

不可使慈爱、诚实离开你,

繫	於	爾	項
맬(계)	~에(어)	너(이)	목(항)

銘	於	爾	心
새길(명)	~에(어)	너(이)	마음(심)

(그것을) 네 목에 매며,　　　　　　　**네 마음 판에 새기라.**

繫	於	爾	項

(그것을) 네 목에 매며 네 마음 판에 새기라. (잠 3:3)

Bind them around your neck, Write them on the tablet of your heart.

要系在你颈项上, 刻在你心版上.

一	心	賴	主
한(일)	마음(심)	의뢰할(뢰)	여호와(주)

(너는) 마음을 다하여 여호와를 신뢰하고,

一	心	賴	主

勿	恃	己	哲
말(물)	믿을(시)	자기(기)	밝을(철)

(네) 명철을 의지하지 말라.

勿	恃	己	哲

(너는) 마음을 다하여 여호와를 신뢰하고 (네) 명철을 의지하지 말라. (잠 3:5)

Trust in the Lord with all your heart and do not lean on your own understanding.

你要专心仰赖耶和华, 不可倚靠自己的聪明,

尋	智	慧	者
찾을(심)	지혜(지)	지혜(혜)	사람(자)

지혜를 찾은 자는

貴	於	珍	珠
귀할(귀)	~보다(어)	보배(진)	구슬(주)

진주보다 귀하다.

尋	智	慧	者

貴	於	珍	珠

지혜를 찾은 자는 (잠 3:13) 진주보다 귀하다. (잠 3:15)

*於(어): 어조사, ~보다, ~에, ~에서, 기대다, 있다.

The man who finds wisdom, she is more precious than jewels.

得智慧, 比珍珠宝贵;

爾	中	若	有
너(이)	가운데(중)	만일(약)	있을(유)

勿	對	隣	曰
말(물)	대할(대)	이웃(린)	말씀(왈)

네가 (가진 것이) 있으면서도

이웃에게 말하지 말 것은,

爾	中	若	有

勿	對	隣	曰

 ————————

네가 (가진 것이) 있으면서도 이웃에게 말하지 말 것은, (잠 3:28)

When you have it with you, do not say to your neighbor.

你那里若有现成的, 不可对邻舍说:

且	去	復	來
또(차)	갈(거)	다시(복)	올(래)

我	將	予	爾
나(아)	장차(장)	줄(여)	너(이)

갔다가 다시 오면　　　　　　　　**내가 너에게 주겠노라.**

且	去	復	來

我	將	予	爾

갔다가 다시 오면 내가 너에게 주겠노라. (잠 3:28)

Go, and come back, I will give it.

去吧, 明天再来, 我必给你.

爾	隣	安	居
너(이)	이웃(린)	편안(안)	살(거)

勿	謀	加	害
말(물)	꾀(모)	더할(가)	해할(해)

네 이웃이 네 곁에서 평안히 살거든,

그를 해하려고 꾀하지 말라.

네 이웃이 네 곁에서 평안히 살거든 그를 해하려고 꾀하지 말라. (잠 3:29)

Do not plot harm against your neighbor, who lives trustfully near you.

你的邻舍, 既在你附近安居, 你不可设计害他.

智	者	得	榮
지혜(지)	사람(자)	얻을(득)	영화(영)

지혜로운 자는 영광을 얻을 것이나,

智	者	得	榮

愚	者	受	辱
미련할(우)	사람(자)	받을(수)	수치(욕)

미련한 자는 수치를 당할 것이다.

愚	者	受	辱

지혜로운 자는 영광을 얻을 것이나 미련한 자는 수치를 당할 것이라. (잠 3:35)

The wise inherit honor, but fools he holds up to shame.

*in·her·it [inhérit] vt. 얻다, 물려받다, 상속하다.

智慧人必承受尊荣; 愚昧人高升也成为羞辱.

須	聽	父	訓
마땅(수)	들을(청)	아버지(부)	가르칠(훈)

留	心	得	明
머무를(류)	마음(심)	얻을(득)	밝을(명)

아버지의 훈계를 들으며

명철을 얻기에 유의하라.

須	聽	父	訓

留	心	得	明

아버지의 훈계를 들으며 명철을 얻기에 유의하라. (잠 4:1)

Listen, the instruction of a father, and give attention that you may gain understanding.

要听父亲的教训, 留心得知聪明.

誨	爾	之	道
가르칠(회)	너(이)	~의(지)	길(도)

너희에게 가르친 도리,

誨	爾	之	道

勿	棄	我	教
말(물)	버릴(기)	나(아)	가르칠(교)

즉 내 교훈을 버리지 말라.

勿	棄	我	教

너희에게 가르친 도리, 즉 내 교훈을 버리지 말라. (잠 4:2)

I give you sound learning, so do not forsake my teaching.

因我所给你们的是好教训, 不可离弃我的指教.

父	誨	我	曰
아버지(부)	가르칠(회)	나(아)	말씀(왈)

아버지가 내게 가르쳐 이르기를,

父	誨	我	曰

心	存	我	言
마음(심)	있을(존)	나(아)	말씀(언)

내 말을 마음에 두라,

心	存	我	言

아버지가 내게 가르쳐 이르기를 내 말을 마음에 두라, (잠 4:4)

Father taught me and said, lay hold of my words with all your heart,

父亲教训我说: 你心要存记我的言语,

恪	守	我	命
삼갈(각)	지킬(수)	나(아)	명령(명)

便	可	得	生
곧(변)	옳을(가)	얻을(득)	살(생)

삼가 내 명령을 지키라,　　　　　　　**그리하면 살 것이다.**

恪	守	我	命

便	可	得	生

삼가 내 명령을 지키라 그리하면 살리라. (잠 4:4)

Keep my commandments and live.

遵守我的命令, 便得存活.

當	得	智	慧
마땅(당)	얻을(득)	지혜(지)	지혜(혜)

지혜를 얻으며

當	得	智	慧

當	得	明	哲
마땅(당)	얻을(득)	밝을(명)	밝을(철)

명철을 얻으라.

當	得	明	哲

지혜를 얻으며 명철을 얻으라. (잠 4:5)

Get wisdom, get understanding.

要得智慧, 要得聪明,

勿	棄	智	慧
말(물)	버릴(기)	지혜(지)	지혜(혜)

지혜를 버리지 말라,

勿	棄	智	慧

其	保	護	爾
그(기)	지킬(보)	보호할(호)	너(이)

그가 너를 보호할 것이다.

其	保	護	爾

지혜를 버리지 말라 그가 너를 보호하리라. (잠 4:6)

Do not forsake her, and she will guard you.

不可离弃智慧，智慧就护卫你；

須	愛	智	慧
마땅(수)	사랑(애)	지혜(지)	지혜(혜)

其	保	守	爾
그(기)	지킬(보)	지킬(수)	너(이)

지혜를 사랑하라,　　　　　　　**그가 너를 지킬 것이다.**

須	愛	智	慧

其	保	守	爾

 ——————

지혜를 사랑하라 그가 너를 지키리라. (잠 4:6)

Love wisdom, and she will watch over you.

要爱智慧, 他就保守你.

智	慧	爲	首
지혜(지)	지혜(혜)	이룰(위)	으뜸(수)

務	必	得	之
힘쓸(무)	반드시(필)	얻을(득)	그것(지)

지혜가 제일이니,

그것을 힘써 얻으라

智	慧	爲	首

務	必	得	之

지혜가 제일이니 그것을 힘써 얻으라. (잠 4:7)

*爲(위); 하다, 이루다, 이다, 위하다, 되다, 이루다, 생각하다, 있다, 속하다.　*首(수): 머리, 으뜸, 첫째, 제일, 우두머리, 시작하다.

Wisdom is supreme, therefore get wisdom.

智慧为首; 所以, 要得智慧

尊	崇	智	慧
높을(존)	높을(숭)	지혜(지)	지혜(혜)

지혜를 높이라,

使	爾	昇	高
시킬(사)	너(이)	오를(승)	높을(고)

그리하면 그가 너를 높일 것이다.

지혜를 높이라 그리하면 그가 너를 높이리라. (잠 4:8)

Prize wisdom, and she will exalt you.

高举智慧, 他就使你高升;

懷	念	智	慧
품을(회)	생각(념)	지혜(지)	지혜(혜)

지혜를 품으면

使	爾	尊	榮
하여금(사)	너(이)	높을(존)	영화(영)

너를 영화롭게 할 것이다.

懷	念	智	慧

使	爾	尊	榮

지혜를 품으면 그가 너를 영화롭게 하리라. (잠 4:8)
Embrace wisdom, and she will honor you.
怀抱智慧, 他就使你尊荣.

執	持	訓	誨
잡을(집)	가질(지)	가르칠(훈)	가르칠(회)

不	可	遺	失
아닐(불)	옳을(가)	잃을(유)	잃을(실)

훈계를 굳게 잡아

놓치지 말고,

執	持	訓	誨

不	可	遺	失

📖 ────────

훈계를 굳게 잡아 놓치지 말고, (잠 4:13)

Hold on to instruction, do not let it go,

要持定训诲, 不可放松;

當	守	訓	誨
마땅(당)	지킬(수)	가르칠(훈)	가르칠(회)

훈계를 지키라,

爾	之	生	命
너(이)	~의(지)	살(생)	목숨(명)

(이것이) 네 생명이다.

當	守	訓	誨

爾	之	生	命

훈계를 지키라 이것이 네 생명이니라. (잠 4:13)

Guard instruction, for she is your life.

必当谨守, 因为他是你的生命.

義	者	之	道
옳을(의)	사람(자)	~의(지)	길(도)

의인의 길은

義	者	之	道

如	旭	之	光
같을(여)	돋을(욱)	~의(지)	빛(광)

돋는 햇살 같다.

如	旭	之	光

의인의 길은 돋는 햇살 같아서, (잠 4:18)

The path of the righteous is like the light of dawn,

但义人的路，好像黎明的光，

久	而	愈	明
오랠(구)	의(이)	더욱(유)	밝을(명)

점점 빛나서

直	至	日	中
곧을(직)	이를(지)	해(일)	가운데(중)

원만한 광명에 이를 것이다.

久	而	愈	明

直	至	日	中

점점 빛나서 원만한 광명에 이를 것이라. (잠 4:18)

*愈(유): 낫다, 뛰어나다, 더욱, 점점 더, (병이)낫다.

That shines brighter and brighter until the full day.

越照越明, 直到日午.

惡	人	之	途
악할(악)	사람(인)	~의(지)	길(도)

악인의 길은

惡	人	之	途

猶	如	幽	暗
오히려(유)	같을(여)	어둠(유)	어두울(암)

오히려 어둠 같다.

猶	如	幽	暗

악인의 길은 오히려 어둠 같더라. (잠 4:19)

The way of the wicked is like darkness.

惡人的道好像幽暗,

我	之	子	歟
나(아)	~의(지)	아들(자)	어조사(여)

내 아들아

聽	我	之	言
들을(청)	나(아)	~의(지)	말씀(언)

내 말을 들어라.

我	之	子	歟

聽	我	之	言

아들아, 내 말을 잘 들어라. (잠 5:1)

My son, listen well to my words of insight,

我儿, 要留心我智慧的话语.

爾	傾	耳	聆
너(이)	기울(경)	귀(이)	들을(령)

我	明	哲	言
나(아)	밝을(명)	밝을(철)	말씀(언)

네가 귀담아 들을 것은　　　　　**나의 지혜와 통찰력 있는 말이다.**

爾	傾	耳	聆

我	明	哲	言

네가 잘 귀담아 들을 것은 나의 지혜와 통찰력 있는 말이다. (잠 5:1)

Pay attention to my wisdom,

側耳听我聪明的言词.

勤	守	智	謀
부지런할(근)	지킬(수)	지혜(지)	지략(모)

지략을 부지런히 지키며

脣	藏	哲	言
입술(순)	감출(장)	밝을(철)	말씀(언)

(너의) 입술로는 지식을 지켜라.

勤	守	智	謀

脣	藏	哲	言

지략을 부지런히 지키며 (너의) 입술로는 지식을 지켜라.

*謀(모): 꾀, 지략, 계략, 계책, 도모하다.

That you may maintain discretion and your lips may preserve knowledge

为要使你谨守谋略, 嘴唇保存知识.

淫	婦	之	脣
음란할(음)	여자(부)	~의(지)	입술(순)

음행한 여인의 입술은

淫	婦	之	脣

如	適	蜂	蜜
같을(여)	맞을(적)	벌(봉)	꿀(밀)

꿀을 떨어뜨리고

如	適	蜂	蜜

음행한 여인의 입술은 꿀을 떨어뜨리고 (잠 5:3)

*衝(충): 찌르다, 향하다, 부딪치다, 용솟음치다, 길, 통로, 거리.

For the lips of an adultress woman drip honey.

因为淫妇的嘴滴下蜂蜜;

淫	婦	之	口
음란할(음)	여자(부)	~의(지)	입(구)

음행한 여인의 입은

較	油	更	滑
비교할(교)	기름(유)	더욱(갱)	미끄러울(활)

기름보다 더 미끄럽구나.

음행한 여인의 입은 기름보다 더 미끄럽도다. (잠 5:3)

*경(경, 갱): 고치다, 계속하다, 개선하다, 변경되다, 갚다, 지나가다, 다시(갱). 더욱(갱).

And her mouth is smoother than oil,

淫婦的口比油更滑,

爾	之	行	途
너(이)	~의(지)	갈(행)	길(도)

너의 길을

當	遠	離	之
마땅(당)	멀(원)	떨어질(리)	그(지)

그에게서 멀리하고

爾	之	行	途

當	遠	離	之

너의 길을 그에게서 멀리하고 (잠 5:8)

*離(이): 떠나다, 떼어놓다, 떨어지다, 갈라지다, 흩어지다, 분산하다.

Keep to a path far from her,

你所行的道要离他远,

勿	近	其	室
말(물)	가까울(근)	그(기)	집(실)

그의 집에도 가까이 가지 말며

勿	近	其	室

勿	近	其	門
말(물)	가까울(근)	그(기)	문(문)

그의 문에도 가까이 가지 말라

勿	近	其	門

 ——————

그녀의 집에도 가까이 가지 말며 (잠 5:8)

Do not go near the door of her house,

不可就近他的房門.

惟	爾	喜	悅
생각할(유)	너(이)	기쁠(희)	기쁠(열)

너는 즐거워하라.

幼	年	之	耦
어릴(유)	해(년)	~의(지)	짝(우)

(바로) 젊어서 함께하는 아내와.

惟	爾	喜	悅

幼	年	之	耦

 ————————

네가 젊어서 함께하는 아내와 즐거워하라. (잠 5:18)

May you rejoice in the wife of your youth.

要喜悅你幼年所娶的妻.

視	若	麀	鹿
볼(시)	같을(약)	암사슴(우)	사슴(록)

(너는) 암사슴처럼

視	若	麀	鹿

可	愛	可	悅
가히(가)	사랑(애)	가히(가)	기쁠(열)

(그녀를) 사랑스럽고 아름답게 여겨

可	愛	可	悅

(너는) 암사슴처럼 (그녀를) 사랑스럽고 아름답게 여겨, (잠 5:19)

*可(가): 옳다, 가히, 허락하다, 들어주다.

As a loving deer and a graceful doe,

他如可愛的麀鹿、可喜的母鹿;

她	之	胸	懷
그녀(타)	~의(지)	가슴(흉)	품안(회)

(그) 품을 즐겁고

恒	常	滿	足
항상(항)	항상(상)	찰(만)	만족할(족)

항상 족하게 여기며

她	之	胸	懷

恒	常	滿	足

그녀의 품을 항상 족하게 여기며,(잠 5:19)

*足(족): 발, 만족하다, 넉넉하다, 족하다, 밟다.

Let her breasts satisfy you at all times,

愿他的胸怀, 使你时时知足,

她	之	愛	情
그녀(타)	~의(지)	사랑(애)	뜻(정)

그의 애정을

恒	加	戀	慕
항상(항)	더할(가)	사모할(연)	그릴(모)

항상 연모하여라.

她	之	愛	情

恒	加	戀	慕

그녀의 사랑을 항상 연모하라.(잠 5:19)

*切(절): 끊다, 정성(精誠), 적절하다, 중요하다, 절박하다, 간절히, 온통(체), 모두(체).

And always be enraptured with her love.

她的爱情, 使你常常恋慕.

怠	惰	者	歟
게으를(태)	게으를(타)	사람(자)	야(여)

게으른 자여,

觀	蟻	之	動
볼(관)	개미(의)	~의(지)	움직일(동)

개미에게서 (그가) 하는 것을 보아라.

怠	惰	者	歟

觀	蟻	之	動

게으른 자여 개미에게서 (그가) 하는 것을 보라. (잠 6:6)

Go to the ant, O sluggard, observe her ways.

懶惰人哪, 你去察看螞蟻的动作

螞	蟻	無	帥
왕개미(마)	개미(의)	없을(무)	장수(수)

개미는 두령도 없고

螞	蟻	無	帥

螞	蟻	無	長
왕개미(마)	개미(의)	없을(무)	우두머리(장)

감독자도 없다.

螞	蟻	無	長

개미는 두령도 없고 감독자도 없도다. (잠 6:7)

Which, having no chief, officer or ruler.

蚂蚁没有元帅, 没有官长,

夏	時	備	食
여름(하)	때(시)	갖출(비)	먹을(식)

穡	時	斂	糧
거둘(색)	때(시)	거둘(렴)	양식(량)

여름 동안 식량을 예비하며,　　　　　　**추수 때 양식을 모은다.**

夏	時	備	食

穡	時	斂	糧

여름 동안에 식량을 예비하며 추수 때 양식을 모으느니라. (잠 6:8)

Prepares her food in the summer and gathers her provision in the harvest.

尚且在夏天豫备食物, 在收割时聚敛粮食.

怠	惰	之	人
게으를(태)	게으를(타)	~의(지)	사람(인)

게으른 자여,

怠	惰	之	人

臥	至	何	時
누울(와)	이를(지)	어느(하)	때(시)

어느 때까지 누워 있을 것이냐.

臥	至	何	時

게으른 자여 네가 어느 때까지 누워 있겠느냐. (잠 6:9)

How long will you lie down, O sluggard.

*slug·gard [slʌgərd] n. 게으름쟁이, 빈둥거리는 사람, 나태한 자.

懒惰人哪, 你要睡到几时呢?

且	睡	片	時
또(차)	졸음(수)	조각(편)	때(시)

再	寢	片	時
거듭(재)	잘(침)	잠시(편)	때(시)

좀더 자자,

좀더 졸자.

且	睡	片	時

再	寢	片	時

 ————————

좀더 자자, 좀더 졸자. (잠 6:10)

A little sleep, a little slumber.

再睡片时, 打盹片时,

貧	窮	臨	爾
가난할(빈)	가난(궁)	임할(림)	너(이)

네 궁핍함이

貧	窮	臨	爾

速	如	强	盜
빠를(속)	같을(여)	굳셀(강)	훔칠(도)

강도같이 속히 오며,

速	如	强	盜

네 궁핍함이 강도 같이 속히 오며, (잠 6:11)

Your poverty will come in like a vagabond,

*vag·a·bond [vǽgəbànd/-bɔ̀nd] n. 강도, 부랑자, 방랑자, 무뢰한, 깡패.

你的贫穷就必如强盗速来,

爾	之	缺	乏
너(이)	~의(지)	모자랄(결)	모자랄(핍)

네 곤핍함이

迅	如	武	士
빠를(신)	같을(여)	무인(무)	선비(사)

군사같이 이를 것이다.

爾	之	缺	乏

迅	如	武	士

📖 ————————

곤핍이 군사같이 이르리라. (잠 6:11)

Your need like an armed man.

你的缺乏仿佛拿兵器的人来到.

匪	類	惡	徒
비적(비)	무리(류)	악할(악)	무리(도)

불량하고 악한 자는

匪	類	惡	徒

口	出	妄	言
입(구)	날(출)	거짓(망)	말씀(언)

거짓말을 하며 (다닌다)

口	出	妄	言

불량하고 악한 자는 거짓말을 하고 돌아다니도다. (잠 6:12)

A scoundrel and villain, who goes about with a corrupt mouth.

*scoun·drel [skáundrəl] n. 악당, 깡패, 불한당, 비열한 짓, 악행, 불한당 근성.　　*vil·lain [vílən] n. 악인, 악한, 범인.

无赖的恶徒, 行动就用乖僻的口,

主	所	惡	者
여호와(주)	것(소)	미워할(오)	것(자)

여호와께서 미워하시는 것은

有	六	有	七
있을(유)	여섯(육)	있을(유)	일곱(칠)

(곧) 예닐곱 가지이다.

主	所	惡	者

有	六	有	七

 ————————

여호와께서 미워하시는 것 (곧) 예닐곱 가지이라. (잠 6:16)

There are six things which the Lord hates, seven.

耶和华所恨恶的有六样有七样:

驕	傲	之	目
교만할(교)	거만할(오)	~의(지)	눈(목)

교만한 눈과

驕	傲	之	目

詭	譎	之	舌
속일(궤)	속일(휼)	~의(지)	혀(설)

거짓된 혀와

詭	譎	之	舌

교만한 눈과 거짓된 혀와, (잠 6:17)

Hauthy eyes, a lying tongue,

*haugh·ty [hɔ́:ti] a. 오만한, 거만한, 건방진, 도도한, 불손한.

就是高傲的眼, 撒谎的舌,

流	血	之	手
흐를(류)	피(혈)	~의(지)	손(수)

謀	惡	之	心
계략(모)	악할(악)	~의(지)	마음(심)

사람들의 피를 흘리게 하는 손과　　　　**악한 계략을 꾀하는 마음과**

流	血	之	手

謀	惡	之	心

사람들의 피를 흘리게 하는 손과, (잠 6:17) 악한 계략를 꾀하는 마음과, (잠 6:18)

Hands that shed innocent blood, a heart that devises wicked plans,

*in·no·cent [ínəsnt] a. 무죄한, 죄 없는 사람.　　*de·vise [diváiz] vt. 꾀하다, 궁리하다, 고안하다.

流无辜人血的手, 图谋恶计的心,

驅	惡	之	脚
달릴(구)	악할(악)	~의(지)	다리(각)

妄	證	之	者
망령될(망)	증거(증)	~의(지)	사람(자)

악으로 빨리 달려가는 발과

거짓을 말하는 증인과

驅	惡	之	脚

妄	證	之	者

빨리 악의 길로 달려가는 발과, (잠 6:18) 거짓으로 속이는 증인과, (잠 6:19)

Feet that run rapidly to evil, a false witness who utters lies,

飞跑行恶的脚, 吐谎言的假见证,

於	兄	弟	中
에(어)	형(형)	아우(제)	가운데(중)

형제 사이에

離	間	之	者
헤어질(리)	사이(간)	~의(지)	사람(자)

이간하는 자이다.

於	兄	弟	中

離	間	之	者

형제 사이에 이간하는 자이니라. (잠 6:19)

And one who spreads strife among brothers.

*strife [straif] n. 이간, 투쟁, 다툼, 사이가 나쁘다.

并弟兄中布散分争的人.

當	守	父	命
마땅(당)	지킬(수)	아버지(부)	명령(명)

勿	棄	母	教
말(물)	버릴(기)	어머니(모)	가르칠(교)

(너의) 아버지의 명령을 지키며,   **(네) 어머니의 법을 떠나지 말라.**

當	守	父	命

勿	棄	母	教

아버지의 명령을 지키며 (네) 어머니의 법을 떠나지 말라. (잠 6:20)

Keep your father's commands and do not forsake your mother´s teaching.

要谨守你父亲的诫命; 不可离弃你母亲的指教,

恒	在	心	記
항상(항)	있을(재)	마음(심)	기록할(기)

항상 마음에 새기며

垂	爾	之	項
드리울(수)	너(이)	~을(지)	목(항)

㈜ 목에 걸어두라.

恒	在	心	記

垂	爾	之	項

항상 마음에 새기며 네 목에 걸어두어라. (잠 6:21)

*之(지): 가다, 이르다, ~을, ~의, 에, ~에 있어서, ~와, ~과, ~가, ~이, 그리고, 만일.

Bind them continually upon your heart, and tie them about your neck.

要常系在你心上, 挂在你项上.

謹	守	誡	命
삼갈(근)	지킬(수)	경계할(계)	명령(명)

계명을 지켜라.

則	可	得	生
곧(즉)	옳을(가)	얻을(득)	살(생)

그러면 (네가) 살 것이다.

謹	守	誡	命

則	可	得	生

계명을 지켜라. 그러면 (네가) 살 것이다. (잠 7:2)

Keep my commandments and live.

遵守我的命令, 就得存活;

守	我	敎	誨
지킬(수)	나(아)	가르칠(교)	가르칠(회)

나의 가르침을 지키라.

守	如	眸	子
지킬(수)	같을(여)	눈(모)	아들(자)

(네) 눈동자처럼 지키라.

守	我	敎	誨

如	守	眸	子

나의 가르침을 (네) 눈동자처럼 지키라. (잠 7:2)

And my teaching as the apple of your eye.

*ap·ple [ǽpl] n. the ~ of one's the eye 눈동자.

保守我的指敎, 好像保守眼中的瞳人,

繫	爾	之	指
맬(계)	너(이)	~의(지)	손가락(지)

銘	爾	心	中
새길(명)	너(이)	마음(심)	가운데(중)

(이것을) 네 손가락에 매며,　　　　　**(이것을) 네 마음 판에 새기라.**

繫	爾	之	指

銘	爾	心	中

(이것을) 네 손가락에 매며 네 마음 판에 새기라. (잠 7:3)

Bind them on your fingers, write them on the tablet of your heart.

系在你指头上, 刻在你心版上.

愚	少	年	中
어리석을(우)	젊을(소)	해(년)	가운데(중)

어리석은 젊은이 중에서

愚	少	年	中

見	無	慧	者
볼(견)	없을(무)	지혜(혜)	사람(자)

지혜 없는 자를 보았다.

見	無	慧	者

어리석은 젊은이 중에서 지혜 없는 자를 보았노라. (잠 7:7)

I saw many inexperience young man, but noticed one foolish fellow in particular.

见愚昧人内, 少年人中, 分明有一个无知的少年人,

有	婦	相	遇
있을(유)	여자(부)	서로(상)	만날(우)

여자가 (그를) 맞이하는데,

有	婦	相	遇

妝	飾	如	妓
꾸밀(장)	꾸밀(식)	같을(여)	기생(기)

기생처럼 차려 입었고,

妝	飾	如	妓

기생처럼 차려 입은 여자가 그를 맞이하더라. (잠 7:10)

A woman comes to meet him, dressed as a harlot,

*har·lot [háːrlət] n. 매춘부, 창부.

有一个妇人来迎接他, 是妓女的打扮,

心	甚	狡	詐
마음(심)	심할(심)	교활할(교)	속일(사)

마음이 심히 간교하고,

心	甚	狡	詐

笑	言	戲	謔
웃음(소)	말(언)	희롱(희)	희롱(학)

떠들며 희롱하고 완악하며,

笑	言	戲	謔

마음이 심히 간교하고, (잠 7:10) 떠들며 희롱하고 완악하며, (잠 7:11)

Cunning of heart, loud and defiant,

＊de·fi·ant [difáiənt] a. 도전적인, 반항적인, 무례한, 완악하며.

有诡诈的心思. 这妇人喧嚷,

不	受	約	束
아닐(불)	받을(수)	묶을(약)	묶을(속)

약속이 없으면서도

不	受	約	束

不	息	於	家
아닐(불)	쉴(식)	~에(어)	집(가)

집에 머물지 아니하였다.

不	息	於	家

약속이 없으면서도 집에 머물지 아니하더라. (잠 7:11)

Had no appointment, her feet abide not in her house.

不守约束, 在家里停不住脚,

有	時	在	衢
있을(유)	때(시)	있을(재)	네거리(구)

어떤 때에는 거리,

路	隅	以	俟
길(로)	모퉁이(우)	써(이)	기다릴(사)

모퉁이에 서서 사람을 기다리는 자다.

有	時	在	衢

路	隅	以	俟

어떤 때에는 거리, 모퉁이에 서서 사람을 기다리는 자라. (잠 7:12)

She is now in the streets, and lurks by every corner.

有时在街市上, 或在各巷口蹲伏,

婦	攜	少	者
여자(부)	끌(휴)	젊을(소)	사람(자)

그 여인이 젊은이를 붙잡고

與	之	接	吻
함께(여)	그(지)	이을(접)	입술(문)

그에게 입 맞추면서,

婦	攜	少	者

與	之	接	吻

그 여인이 젊은이를 붙잡고 그에게 입 맞추면서, (잠 7:13)

*之(지): ~와, ~고, ~에, ~의, 그것, 그곳, 그들, 그것들

So she seizes him and kisses him,

拉住那少年人, 与他亲嘴,

面	無	羞	恥
얼굴(면)	없을(무)	창피할(수)	부끄러울(치)

부끄러움을 모르는 얼굴이라.

面	無	羞	恥

出	以	迎	爾
날(출)	써(이)	맞이할(영)	너(이)

너를 맞으려고 나와서,

出	以	迎	爾

부끄러움을 모르는 얼굴이라. (잠 7:13) 너를 맞으려고 나와서, (잠 7:15)

And with a brazen face. Therefore I have come out to meet you,

脸无羞耻对他说: 我出来迎接你,

求	見	爾	面
구할(구)	볼(견)	너(이)	얼굴(면)

네 얼굴을 찾다가

求	見	爾	面

幸	而	遇	爾
다행(행)	말이을(이)	만날(우)	너(이)

(다행히) 너를 만났다.

幸	而	遇	爾

네 얼굴을 찾다가 너를 만났도다. (잠 7:15)

To seek your presence earnestly, and I have found you.

恳求见你的面, 恰巧遇见了你.

我	之	牀	榻
나(아)	~의(지)	침상(상)	걸상(탑)

내 침상에는

鋪	以	花	褥
펼(포)	써(이)	꽃(화)	요(욕)

화문 요가 펼쳐 있고,

我	之	牀	榻

鋪	以	花	褥

내 침상에는 화문 요가 있고, (잠 7:16)

I have spread my couch with coverings,

我以经用花纹布, 铺了我的床.

文	繡	之	毯
채색(문)	수(수)	~의(지)	담요(담)

무늬 있는 담요는

來	自	伊	及
올(래)	부터(자)	저(이)	미칠(급)

애굽에서 온 것이다.

文	繡	之	毯

來	自	伊	及

무늬 있는 담요는 애굽에서 온 것이라. (잠 7:16)

With colored linens of Egypt.

经用绣花毯子; 和埃及线织的.

我	夫	離	家
나(아)	남편(부)	떠날(리)	집(가)

내 남편은 집을 떠나

出	行	遠	道
날(출)	갈(행)	멀(원)	길(도)

먼 길을 갔는데,

我	夫	離	家

出	行	遠	道

내 남편은 집을 떠나 먼 길을 갔는데, (잠 7:19)

For my husband is not at home, he has gone on a long journey.

因为我丈夫不在家, 出门行远路;

手	執	銀	囊
손(수)	잡을(집)	은(은)	주머니(낭)

은전 주머니를 가졌으니,

至	望	日	歸
이를(지)	보름(망)	날(일)	돌아올(귀)

보름이 지나서야 집에 돌아올 것이다.

手	執	銀	囊

至	望	日	歸

은전 주머니를 가졌으니 보름이 지나서야 집에 돌아오리라. (잠 7:20)

*望(망): 바라다, 보름, 음력 15일, 바라보다, 그리워하다, 망보다, 전망, 명성, 제사이름.

He has taken a bag of money with him, at the full moon he will come home.

他手拿银囊, 必到月望才回家.

少	者	忽	隨
젊은(소)	사람(자)	돌연히(홀)	따를(수)

소년이 곧 그를 따랐으니,

少	者	忽	隨

如	牛	就	宰
같을(여)	소(우)	나아갈(취)	도살(재)

소가 도살장으로 가는 것 같다.

如	牛	就	宰

📖 ─────────────

소년이 곧 그를 따랐으니 소가 도살장으로 가는 것 같구나. (잠 7:22)

Suddenly he follows her as an ox goes to the slaughter.

*slaugh·ter [slɔ́:tər] n. 도살, 도축, 살육.

少年人立刻跟随他, 好像牛往宰杀之地;

我	衆	子	歟
나(아)	무리(중)	아들(자)	야(여)

今	當	聽	從
이제(금)	마땅(당)	들을(청)	따를(종)

내 아들들아,

주의 깊게 들어라.

我	衆	子	歟

今	當	聽	從

내 아들들아, 주의 깊게 들어라. (잠 7:24)

Now therefore, my sons, listen to me.

众子阿, 现在要听从我,

勿	偏	向	心
말(물)	치우칠(편)	향할(향)	마음(심)

淫	婦	之	道
음란할(음)	여자(부)	~의(지)	길(도)

(너희) 마음을 치우치지 말 것은,

음녀의 길이다.

勿	偏	向	心

淫	婦	之	道

(너희) 마음을 음녀의 길로 치우치지 말지어다. (잠 7:25)

Do not let your heart turn aside to an adulteress ways.

(你的)心、不可偏向淫婦的道，

智	慧	大	呼
지혜(지)	지혜(혜)	큰(대)	부를(호)

지혜가 큰소리로 부르지 아니하느냐?

智	慧	大	呼

明	哲	發	聲
밝을(명)	밝을(철)	필(발)	소리(성)

명철이 소리를 높이지 아니하느냐?

明	哲	發	聲

지혜가 큰소리로 부르지 아니하느냐 명철이 소리를 높이지 아니하느냐. (잠 8:1)

Does not wisdom call out? Does not understanding raise her voice?

智慧岂不呼叫? 聪明岂不发声?

在	道	高	處
있을(재)	길(도)	높을(고)	곳(처)

十	字	路	立
열(십)	글자(자)	길(로)	설(립)

길의 높은 곳과

네거리에 섰구나.

在	道	高	處

十	字	路	立

길의 높은 곳과 네거리에 섰도다. (잠 8:2)

On the heights along the way, where the paths meet, she takes her stand.

他在道旁高处的顶上, 在十字路口站立,

在	城	門	口
있을(재)	재(성)	문(문)	입(구)

성문 입구와

出	入	之	處
날(출)	들(입)	~의(지)	곳(처)

여러 출입하는 곳에서 (소리치는구나)

在	城	門	口

出	入	之	處

성문 입구와 여러 출입하는 곳에서 (소리치는구나) (잠 8:3)

Beside the gates leading into the city, at the entrances, (she cries aloud)

在城门口, 在城门洞

拙	者	明	哲
어리석을(졸)	사람(자)	밝을(명)	밝을(철)

어리석은 자들아 명철하여라.

蠢	者	覺	悟
미련할(준)	사람(자)	깨달을(각)	깨달을(오)

미련한 자들아 깨달아라.

어리석은 자들아 명철할지라. 미련한 자들아 깨달음을 가져라. (잠 8:5)

You who are simple, gain prudence, you who are foolish, gain understanding

愚昧人哪, 你们要会悟灵明; 愚昧人哪, 你们当心里明白.

愛	我	之	者
사랑(애)	나(아)	~의(지)	사람(자)

나를 사랑하는 자가

我	亦	愛	之
나(아)	또(역)	사랑(애)	그(지)

나의 사랑을 받을 것이며,

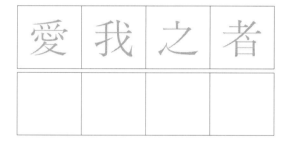

나를 사랑하는 자가 나의 사랑을 받을 것이며, (잠 8:17)

I love those who love me.

爱我的, 我也爱他;

尋	求	我	者
찾을(심)	구할(구)	나(아)	사람(자)

나를 간절히 찾는 자가

必	尋	得	我
반드시(필)	찾을(심)	얻을(득)	나(아)

나를 만날 것이다.

尋	求	我	者

必	尋	得	我

나를 간절히 찾는 자가 나를 만날 것이니라. (잠 8:17)

And those who diligently seek me will find me.

*dil·i·gent [dílədʒənt] a. 간절히, 부지런한, 애쓴, 공들인.

恳切寻求我的, 必寻得见.

我	之	結	果
나(아)	~의(지)	맺을(결)	실과(과)

내 열매는

愈	於	精	金
나을(유)	~보다(어)	정할(정)	쇠(금)

정금보다 나으며,

我	之	結	果

愈	於	精	金

내 열매는 정금보다 나으며, (잠 8:19)

*於(어): ~에, ~보다, 기대다, 따르다, 존재하다.

My fruit is better than pure gold.

我的果实胜过黄金,

我	之	出	産
나(아)	~의(지)	날(출)	낳을(산)

愈	於	佳	銀
나을(유)	~보다(어)	좋을(가)	은(은)

내 소득은　　　　　　　　　　**순은보다 나을 것이다.**

我	之	出	産

愈	於	佳	銀

내 소득은 순은보다 나으니라. (잠 8:19)

And my yield better than choicest silver.

我的出产超乎高银.

授	智	慧	人
가르칠(수)	지혜(지)	지혜(혜)	사람(인)

其	智	必	加
그(기)	지혜(지)	반드시(필)	더할(가)

지혜자를 가르쳐라,　　　**(그러면) 더욱 지혜로워질 것이다.**

授	智	慧	人

其	智	必	加

지혜자를 가르쳐라, (그러면) 더욱 지혜로워질 것이다. (잠 9:9)

*授(수): 주다, 가르치다, 수여하다, 제수하다, 받다.

Give instruction to a wise man and he will be still wiser.

教导智慧人, 他就越发有智慧;

指	示	義	人
가리킬(지)	보일(시)	옳을(의)	사람(인)

의로운 사람을 가르치라,

指	示	義	人

增	加	學	問
불을(증)	더할(가)	배울(학)	물을(문)

(그의) 학식이 더할 것이다.

增	加	學	問

의로운 사람을 가르치라 그의 학식이 더하리라. (잠 9:9)

*指示(지시): 일러서 시킴, 지시하다.

Teach a righteous man and (he will) increase his learning.

指示义人, 他就增长学问.

敬	畏	主	乃
공경(경)	두려울(외)	여호와(주)	곧(내)

智	慧	之	始
지혜(지)	지혜(혜)	~의(지)	근본(시)

여호와를 경외하는 것이

지혜의 근본이다.

敬	畏	主	乃

智	慧	之	始

여호와를 경외하는 것이 지혜의 근본이요. (잠 9:10)

The fear of the Lord is the beginning of wisdom.

敬畏耶和华, 是智慧的开端;

識	至	聖	者
알(식)	이를(지)	거룩할(성)	사람(자)

거룩하신 자를 아는 것이

卽	是	明	哲
곧(즉)	이(시)	밝을(명)	밝을(철)

곧 명철이다.

識	至	聖	者

卽	是	明	哲

거룩하신 자를 아는 것이 명철이니라. (잠 9:10)

And the knowledge of the holy one is understanding.

认识至圣者, 便是聪明.

智	慧	之	子
지혜(지)	지혜(혜)	~의(지)	아들(자)

지혜로운 아들은

使	父	喜	樂
하여금(사)	아버지(부)	기쁠(희)	즐길(락)

아비를 기쁘게 한다.

智	慧	之	子

使	父	喜	樂

지혜로운 아들은 아비를 기쁘게 하거니와, (잠 10:1)

A wise son makes a father glad,

智慧之子, 使父亲欢乐;

愚	昧	之	子
미련할(우)	어두울(매)	~의(지)	아들(자)

使	母	所	憂
시킬(사)	어머니(모)	바(소)	근심(우)

미련한 아들은

자기 어머니를 슬프게 한다.

愚	昧	之	子

使	母	所	憂

📖 ——————

미련한 아들은 (자기) 어머니를 슬프게 하느니라. (잠 10:1)

But a foolish son grief to his mother.

愚昧之子. 叫母亲担忧.

手	惰	者	貧
손(수)	게으를(타)	사람(자)	가난할(빈)

手	勤	者	富
손(수)	부지런할(근)	사람(자)	부유할(부)

손이 게으른 자는 가난하게 되고,　　　**손이 부지런한 자는 부유하게 된다.**

손을 게으르게 놀리는 자는 가난하게 되고 손이 부지런한 자는 부하게 되느니라. (잠 10:4)

Lazy hands make a man poor, but diligent hands bring wealth.

手懒的, 要受贫穷; 手勤的, 却要富足.

富	人	貲	財
부유할(부)	사람(인)	재물(자)	재물(재)

부자의 재물은

如	其	堅	城
같을(여)	그(기)	굳을(견)	재(성)

그의 견고한 성이요

富	人	貲	財

如	其	堅	城

부자의 재물은 그의 견고한 성이요. (잠 10:15)

The rich man's wealth is his fortress.

富户的财物, 是他的坚城;

貧	人	缺	乏
가난할(빈)	사람(인)	모자랄(결)	모자랄(핍)

가난한 자의 결핍은

彼	之	破	滅
그(피)	~의(지)	깨뜨릴(파)	멸망할(멸)

그에게 파멸이다.

貧	人	缺	乏

彼	之	破	滅

가난한 자의 결핍은 그에게 파멸이다. (잠 10:15)

The destruction of the poor is their poverty.

穷人的贫乏, 是他的败坏.

善	人	經	營
착할(선)	사람(인)	지날(경)	경영할(영)

착한 사람의 수고는

致	得	生	命
이를(치)	얻을(득)	살(생)	목숨(명)

생명에 이르고,

善	人	經	營

致	得	生	命

착한 사람의 수고는 생명에 이르고, (잠 10:16)

The wages of the righteous is life.

义人的勤劳致生;

惡	人	結	果
악할(악)	사람(인)	맺을(결)	열매(과)

악인의 소득은

惡	人	結	果

無	非	罪	戾
없을(무)	아닐(비)	허물(죄)	허물(려)

죄에 이르게 된다.

無	非	罪	戾

악인의 소득은 죄에 이르느니라. (잠 10:16)

*戾(려): 어그러지다, 허물, 죄, 사납다, 이르다, 탐하다.

The income of the wicked, punishment.

恶人的进项致罪.

善	人	之	舌
착할(선)	사람(인)	~의(지)	혀(설)

선한 사람의 혀는

有	如	佳	銀
있을(유)	같을(여)	좋을(가)	은(은)

순은과 같으며,

善	人	之	舌

有	如	佳	銀

선한 사람의 혀는 순은과 같거니와, (잠 10:20)

The tongue of the righteous is like pure silver,

义人的舌, 乃似高银;

惡	人	之	心
악할(악)	사람(인)	~의(지)	마음(심)

악인의 마음은

所	値	無	幾
바(소)	값(치)	없을(무)	몇(기)

가치가 적다.

惡	人	之	心

所	値	無	幾

악인의 마음은 가치가 적으니라. (잠 10:20)

The heart of the wicked is of little value.

恶人的心, 所值无几.

詐	僞	之	衡
속일(사)	거짓(위)	~의(지)	저울대(형)

속이는 저울은

爲	主	所	惡
할(위)	여호와(주)	바(소)	미워할(오)

여호와께서 미워하신다.

詐	僞	之	衡

爲	主	所	惡

속이는 저울은 여호와께서 미워하시나, (잠 11:1)

A false balance is an abomination to the Lord.

诡诈的天平, 为耶和华所憎恶;

公	平	之	權
공평할(공)	평평할(평)	~의(지)	저울추(권)

공평한 추는

公	平	之	權

爲	主	所	悅
할(위)	여호와(주)	것(소)	기쁠(열)

여호와가 기뻐하신다.

爲	主	所	悅

공평한 추는 그가 기뻐하시느니라. (잠 11:1)

But a just weight is Lord's delight.

公平的法码, 为他所喜悦.

惡	人	旣	死
악할(악)	사람(인)	원래(기)	죽을(사)

악인은 죽을 때

惡	人	旣	死

其	望	盡	絶
그(기)	바랄(망)	다할(진)	끊을(절)

그 소망이 끊어진다.

其	望	盡	絶

악인은 죽을 때에 그 소망이 끊어지나니, (잠 11:7)

When a wicked man dies, his expectation will perish.

惡人一死, 他的指望必灭绝;

不	義	所	望
아닐(불)	옳을(의)	바(소)	바랄(망)

불의의 소망은

不	義	所	望

亦	必	盡	絕
또(역)	반드시(필)	다할(진)	끊을(절)

없어질 것이다.

亦	必	盡	絕

불의의 소망은 없어지느니라. (잠 11:7)

And the hope of unjust men perishes.

罪人的盼望, 也必滅没.

善	人	亨	福
착할(선)	사람(인)	형통할(형)	복(복)

선한 사람이 형통하면

善	人	亨	福

城	邑	喜	樂
성읍(성)	고을(읍)	기쁠(희)	즐길(락)

성읍이 즐거워하고,

城	邑	喜	樂

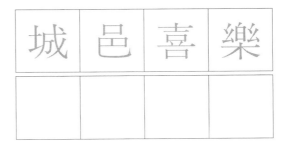

선한 사람이 형통하면 성읍이 즐거워하고, (잠 11:10)

When it goes well with the righteous, the city rejoices.

义人亨福, 合城喜乐;

惡	人	滅	亡
악할(악)	사람(인)	멸할(멸)	망할(망)

악인이 멸망하면

民	皆	歡	呼
백성(민)	다(개)	기쁠(환)	부를(호)

백성이 기뻐 외치게 된다.

악인이 멸망하면 기뻐 외치느니라. (잠 11:10)

And when the wicked perish, there is joyful shouting.

惡人灭亡, 人都欢呼.

惡	人	經	營
악할(악)	사람(인)	지날(경)	경영할(영)

所	得	虛	浮
것(소)	얻을(득)	빌(허)	뜰(부)

악인의 경영은

허무하되,

惡	人	經	營

所	得	虛	浮

악인의 경영은 허무하되, (잠 11:18)

The wicked earns deceptive wages,

*de·cep·tive [diséptiv] a. 현혹시키는, 거짓의, 사기의, 믿지 못할, 실망을 주는.

惡人经营, 得虛浮的工价;

播	善	種	者
뿌릴(파)	착할(선)	씨(종)	사람(자)

必	獲	眞	實
반드시(필)	얻을(획)	참(진)	열매(실)

좋은 씨를 뿌린 자는

좋은 열매를 얻을 것이다.

播	善	種	者

必	獲	眞	實

좋은 씨를 뿌린 자는 좋은 열매를 얻을 것이니라. (잠 11:18)

*實(실, 지): 열매, 씨, 종자, 차다, 가득 차다, 이르다(지), 도달하다(지).

But he who sows righteousness gets a true reward..

撒义种的, 得实在的果效.

心	乖	僻	者
마음(심)	어긋날(괴)	경박할(벽)	사람(자)

마음이 괴벽한 자는

爲	主	所	惡
할(위)	여호와(주)	바(소)	미워할(오)

여호와께서 미워하신다.

心	乖	僻	者

爲	主	所	惡

마음이 괴벽한 자는 여호와께서 미워하시니라. (잠 11:20)

The perverse in heart are an abomination to the Lord.

*abòm·i·ná·tion [əbὰmənéiʃən] n. 혐오, 증오, 싫음, 미움.

心中乖僻的, 为耶和华所憎恶;

行	正	直	者
행할(행)	바를(정)	곧을(직)	사람(자)

행위가 정직한 자는

行	正	直	者

爲	主	所	悅
할(위)	여호와(주)	것(소)	기쁠(열)

그의 기뻐하심을 받는다.

爲	主	所	悅

행위가 정직한 자는 그의 기뻐하심을 받느니라. (잠 11:20)

But the blameless in their walk are his delight.

行事完全的, 为他所喜悦.

惡	人	歷	世
악할(악)	사람(인)	지날(력)	인간(세)

無	不	受	罰
없을(무)	아닐(불)	받을(수)	벌할(벌)

악인은 지난 삶에 대해

틀림없이 벌을 받지만,

惡	人	歷	世

無	不	受	罰

악인은 지난 삶에 대해 틀림없이 벌을 받지만, (잠 11:21)

Assuredly, the evil man will not go unpunished.

*as·sur·ed·ly [əʃúːəridli] ɑd. 확실히, 의심 없이(surely), 자신을 가지고, 대담하게.

惡人雖然連手, 必不免受罰;

善	人	苗	裔
착할(선)	사람(인)	모(묘)	후손(예)

必	得	拯	救
반드시(필)	얻을(득)	건질(증)	구원(구)

선한 사람의 자손은

구원을 얻는다.

선한 사람의 자손은 구원을 얻으리라. (잠 11:21)

But the descendants of the righteous will be delivered.

义人的后裔, 必得拯救.

好	施	舍	者
좋을(호)	베풀(시)	집(사)	사람(자)

必	得	饒	裕
반드시(필)	얻을(득)	넉넉할(요)	넉넉할(유)

구제를 좋아하는 자는

풍족하여질 것이다.

구제를 좋아하는 자는 풍족하여질 것이요, (잠 11:25)

*施舍(시사): 은덕을 베풀어 줌, 나그네가 짐을 풀고 숙박하게 해 줌.

The generous man will be prosperous,

好施舍的, 必得丰裕;

潤	澤	人	者
윤택할(윤)	윤택(택)	사람(인)	사람(자)

남을 윤택하게 하는 자는

必	得	潤	澤
반드시(필)	얻을(득)	윤택할(윤)	윤택(택)

자기도 윤택해진다.

潤	澤	人	者

必	得	潤	澤

남을 윤택하게 하는 자는 자기도 윤택해지리라. (잠 11:25)

*澤(택): 못, 윤택, 윤, 덕택, 은덕, 습하다..

He who refreshes others will himself be refreshed.

滋润人的, 必得滋润.

人	喜	訓	誨
사람(인)	기쁠(희)	가르칠(훈)	가르칠(회)

훈계를 좋아하는 자는

人	喜	訓	誨

卽	喜	知	識
곧(즉)	기쁠(희)	알(지)	알(식)

지식을 좋아하거니와,

卽	喜	知	識

훈계를 좋아하는 자는 지식을 좋아하거니와, (잠 12:1)
Whoever loves discipline loves knowledge,
喜爱管教的, 就是喜爱知识;

惡	督	責	者
싫어할(오)	감독할(독)	꾸짖을(책)	사람(자)

乃	愚	昧	人
곧(내)	미련할(우)	어두울(매)	사람(인)

책망을 싫어하는 사람은

어리석은 자다.

惡	督	責	者

乃	愚	昧	人

책망을 싫어하는 사람은 어리석은 자로다. (잠 12:1)

*惡(오, 악): 미워하다(오), 싫어하다(오), 비방하다(오), 악하다(악), 나쁘다(악), 추악(악)

But he who hates correction is stupid.

恨恶责备的, 却是畜类.

惡	人	傾	覆
악할(악)	사람(인)	기울(경)	엎어질(복)

악인은 엎드러져서

歸	於	無	有
돌아갈(귀)	~에(어)	없을(무)	있을(유)

소멸되려니와,

惡	人	傾	覆

歸	於	無	有

악인은 엎드러져서 소멸되려니와, (잠 12:7)

The wicked are overthrown and are no more,

惡人傾覆, 归于无有;

善	人	之	家
착할(선)	사람(인)	~의(지)	집(가)

선한 사람의 집은

恒	久	穩	立
항상(항)	오랠(구)	평온할(온)	설(립)

항상 평온하게 서 있다.

善	人	之	家

恒	久	穩	立

선한 사람의 집은 항상 평온하게 서 있으리라. (잠 12:7)

But the house of the righteous will stand.

义人的家, 必站得住.

行	眞	實	者
행할(행)	참(진)	열매(실)	사람(자)

진실히 행하는 자는

為	主	所	悅
할(위)	여호와(주)	바(소)	기쁠(열)

여호와의 기뻐하심을 받는다.

진실히 행하는 자는 여호와의 기뻐하심을 받느니라. (잠 12:22)

The Lord delights in men who are truthful.

行事诚实的, 为他所喜悦.

愚	人	之	心
어리석을(우)	사람(인)	~의(지)	마음(심)

미련한 자의 마음은

自	述	其	愚
스스로(자)	표현(술)	그(기)	어리석을(우)

미련한 것을 떠벌린다.

愚	人	之	心

自	述	其	愚

미련한 자의 마음은 미련한 것을 떠벌리느니라. (잠 12:23)

The heart of fools proclaims folly.

愚昧人的心, 彰显愚昧.

勤	者	之	手
부지런할(근)	성할(은)	~의(지)	손(수)

부지런한 자의 손은

必	得	轄	人
반드시(필)	얻을(득)	다스릴(할)	사람(인)

사람을 다스리게 되어도,

勤	者	之	手

必	得	轄	人

부지런한 자는 사람을 다스리게 되어도, (잠 12:24)

*轄(할): 다스리다. 관리하다, 관장하다, 비녀장.

Diligent hands will rule,

殷勤人的手必掌权;

經	營	惰	者
지날(경)	경영할(영)	게으를(타)	사람(자)

必	爲	人	役
반드시(필)	할(위)	사람(인)	부릴(역)

게으른 자는 **부림을 받는다.**

經	營	惰	者

必	爲	人	役

게으른 자는 부림을 받느니라. (잠 12:24)

But laziness ends in slave labor.

懶惰的人必服苦.

公	義	之	道
공평할(공)	옳을(의)	~의(지)	길(도)

공의로운 길에

公	義	之	道

終	有	生	命
마침내(종)	있을(유)	살(생)	목숨(명)

생명이 있다.

終	有	生	命

공의로운 길에 생명이 있나니, (잠 12:28)

*終(종): 마치다, 마침내, 결국, 끝내다, 다하다, 이루어지다, 마지막, 윤달, 비록, 채우다.

In the way of righteousness is life,

在公义的道上有生命;

公	義	之	徑
공평할(공)	옳을(의)	~의(지)	지름길(경)

공의로운 길에

公	義	之	徑

引	至	不	死
끌(인)	이를(지)	아닐(불)	죽을(사)

사망이 없다.

引	至	不	死

공의로운 길에 사망이 없느니라. (잠 12:28)

And in righteousness pathway there is no death.

公义的路之中, 并无死亡.

善	人	之	燈
착할(선)	사람(인)	~의(지)	등불(등)

선인의 빛은

明	朗	可	悅
밝을(명)	밝을(랑)	좋을(가)	기쁠(열)

환하게 빛나고,

善	人	之	燈

明	朗	可	悅

선인의 빛은 환하게 빛나고, (잠 13:9)

The light of the righteous shines brightly,

义人的光明亮欢喜;

惡	人	之	燈
악할(악)	사람(인)	~의(지)	등불(등)

악인의 등불은

必	致	熄	滅
반드시(필)	이를(치)	불꺼질(식)	꺼질(멸)

반드시 꺼진다.

惡	人	之	燈

必	致	熄	滅

악인의 등불은 꺼지느니라. (잠 13:9)

But the lamp of the wicked goes out.

恶人的灯要熄灭.

人	恃	驕	傲
사람(인)	자부할(시)	교만할(교)	거만할(오)

사람이 교만하여 우쭐대면

人	恃	驕	傲

常	啓	爭	端
항상(상)	열(계)	다툴(쟁)	단서(단)

다툼만 일어날 뿐이니,

常	啓	爭	端

사람이 교만하여 우쭐대면 다툼만 일어날 뿐이니, (잠 13:10)

*恃(시): 믿다, 자부하다, 의뢰하다, 어머니.   *啓(계): 열다, 인도하다, 안내하다, 일깨워주다, 여쭈다.

Pride shall certainly give birth to contention.

*in·so·lence [ínsələns] n. 오만, 교만, 무례, 건방진.

骄傲只启争竞;

聽	勸	言	者
들을(청)	권면(권)	말씀(언)	사람(자)

권면을 듣는 자는

則	爲	有	智
곧(즉)	할(위)	있을(유)	지혜(지)

지혜가 있다.

聽	勸	言	者

則	爲	有	智

권면을 듣는 자는 지혜가 있느니라. (잠 13:10)

But wisdom is found in those who take advice.

听劝言的, 却有智慧.

蔑	訓	言	者
업신여길(멸)	가르칠(훈)	말씀(언)	사람(자)

말씀을 멸시하는 자는

蔑	訓	言	者

必	致	敗	亡
반드시(필)	이를(치)	패할(패)	망할(망)

필히 패망에 이르고,

必	致	敗	亡

말씀을 멸시하는 자는 필히 패망에 이르고, (잠 13:13)

The one who despises the word will be in debt to it,

蔑视训言的, 自取灭亡;

敬	畏	誡	命
공경(경)	두려울(외)	계율(계)	명령(명)

必	得	善	報
반드시(필)	얻을(득)	착할(선)	갚을(보)

계명을 두려워하는 자는

상을 받는다.

敬	畏	誡	命

必	得	善	報

계명을 두려워하는 자는 상을 받느니라. (잠 13:13)

But the one who fears the commandment will be rewarded.

敬畏誡命的, 必得善報.

與	智	人	行
함께(여)	지혜(지)	사람(인)	행할(행)

지혜로운 자와 동행하면

與	智	人	行

必	得	智	慧
반드시(필)	얻을(득)	지혜(지)	지혜(혜)

지혜를 얻고,

必	得	智	慧

지혜로운 자와 동행하면 지혜를 얻고, (잠 13:20)

He who walks with wise men will be wise,

与智慧人同行的, 必得智慧;

侶	愚	眛	者
벗(려)	미련한(우)	어두울(매)	사람(자)

미련한 자와 사귀면

必	致	敗	亡
반드시(필)	이를(치)	패할(패)	망할(망)

패망에 이른다.

侶	愚	眛	者

必	致	敗	亡

미련한 자와 사귀면 패망에 이르느니라. (잠 13:20)

But the companion of fools will suffer harm.

和愚昧人作伴的, 必受亏损.

貧	者	耕	田
가난할(빈)	사람(자)	밭갈(경)	밭(전)

가난한 자는 밭을 경작함으로

貧	者	耕	田

可	得	多	糧
옳을(가)	얻을(득)	많을(다)	양식(량)

양식을 많이 낼 수 있으나,

可	得	多	糧

가난한 자는 밭을 경작함으로 양식을 많이 낼 수 있거니와, (잠 13:23)

Abundant food is in the fallow ground of the poor,

穷人耕种多得粮食,

但	因	不	義
다만(단)	인할(인)	아닐(불)	옳을(의)

단지 불의로 인하여

有	消	滅	之
있을(유)	사라질(소)	없어질(멸)	그것(지)

그것을 쓸어 가 버린다.

但	因	不	義

有	消	滅	之

단지 불의로 인하여 그것을 쓸어 가 버린다. (잠 13:23)

But it is swept away by injustice.

但因不义, 有消灭的.

智	慧	婦	人
지혜(지)	지혜(혜)	부인(부)	사람(인)

지혜로운 부인은

智	慧	婦	人

建	立	家	室
세울(건)	설(립)	집(가)	집(실)

자기 집을 세우고,

建	立	家	室

📖 ————————

지혜로운 부인은 자기 집을 세우되, (잠 14:1)

The wise woman builds her house,

智慧妇人, 建立家室;

愚	妄	婦	人
미련한(우)	망령될(망)	부인(부)	사람(인)

미련한 여인은

愚	妄	婦	人

親	手	毁	之
친할(친)	손(수)	헐(훼)	그것(지)

자기 손으로 그것을 헌다.

親	手	毁	之

미련한 여인은 자기 손으로 그것을 허느니라. (잠 14:1)

But with her own hands the foolish one tears hers down.

愚妄妇人, 亲手拆毁.

行	正	直	者
행할(행)	바를(정)	곧을(직)	사람(자)

敬	畏	上	帝
공경(경)	두려울(외)	하늘(상)	임금(제)

정직하게 행하는 자는

여호와를 경외하여도,

行	正	直	者

敬	畏	上	帝

정직하게 행하는 자는 여호와를 경외하여도, (잠 14:2)

He whose walk is upright fears the Lord,

行动正直的, 敬畏耶和华;

行	邪	曲	者
행할(행)	간사할(사)	굽을(곡)	사람(자)

사곡하게 행하는 자는

行	邪	曲	者

蔑	視	上	帝
업신여길(멸)	볼(시)	하늘(상)	임금(제)

여호와를 경멸한다.

蔑	視	上	帝

사곡하게 행하는 자는 여호와를 경멸하느니라. (잠 14:2)

*邪曲(사곡): 요사스럽고 교활하다.

But he whose ways are devious despises the Lord.

*de·spise [dispáiz] vt. 경멸하다, 멸시하다, 얕보다.

行事乖僻的, 却藐視他.

家	若	無	牛
집(가)	만일(약)	없을(무)	소(우)

소가 없으면

家	若	無	牛

槽	空	乾	淨
구유(조)	빌(공)	마를(건)	깨끗할(정)

구유는 깨끗하겠지만,

槽	空	乾	淨

소가 없으면 구유는 깨끗하겠지만, (잠 14:4)

Where there are no oxen, the manger is clean,

*man·ger [méindʒər] n. 여물통, 구유.

家里无牛, 槽头乾净;

土	産	加	多
흙(토)	낳을(산)	더할(가)	많을(다)

소출이 많아지려면,

俱	恃	牛	力
갖출(구)	의지할(시)	소(우)	힘(력)

소의 힘을 의지해야 한다.

소출이 많아지려면 소의 힘을 의지하게 되느니라. (잠 14:4)

But much revenue comes by the strength of the ox.

*rev·e·nue [révənjùː] n. 소득, 수익, 고정 수입, 수입원.

土产加多, 乃凭牛力.

達	者	之	智
통달(달)	사람(자)	~의(지)	지혜(지)

在	明	己	道
있을(재)	밝을(명)	자기(기)	길(도)

슬기로운 사람의 지혜는

자기가 가는 길을 깨닫게 하여도,

達	者	之	智

在	明	己	道

슬기로운 사람의 지혜는 자기가 가는 길을 깨닫게 하여도, (잠 14:8)

The wisdom of the sensible is to understand his way,

通达人的智慧, 在乎明白己道;

愚	者	之	拙
미련할(우)	사람(자)	~의(지)	어리석을(졸)

미련한 자의 어리석음은

在	乎	自	欺
있을(재)	~이라(호)	스스로(자)	속일(기)

스스로를 속이는 것이라.

愚	者	之	拙

在	乎	自	欺

미련한 자의 어리석음은 스스로를 속이는 것이라. (잠 14:8)

But the foolishness of fools is deceit.

*de·ceit [disíːt] n. 속임, 책략, 사기, 허위, 부실, 교활함.

愚昧人的愚妄, 乃是自欺.

心	懷	愁	苦
마음(심)	품을(회)	근심(수)	쓸(고)

마음의 고통은

心	懷	愁	苦

惟	己	能	知
오직(유)	자기(기)	능할(능)	알(지)

자기가 알고,

惟	己	能	知

마음의 고통은 자기가 알고, (잠 14:10)

The heart knows its own bitterness,

心中的苦楚, 自己知道;

心	有	喜	樂
마음(심)	있을(유)	기쁠(희)	즐길(락)

마음속 기쁨에

人	難	同	參
사람(인)	어려울(난)	함께(동)	간여할(참)

다른 사람이 동참하기 어렵다.

마음속 기쁨에 타인이 참여하에 어렵다. (잠 14:10)

And a stranger does not share its joy.

心里的喜乐, 外人无干.

蔑	視	隣	者
업신여길(멸)	볼(시)	이웃(린)	사람(자)

이웃을 업신여기는 자는

蔑	視	隣	者

則	爲	有	罪
곧(즉)	할(위)	있을(유)	허물(죄)

죄를 범하는 자다.

則	爲	有	罪

이웃을 업신여기는 자는 죄를 범하는 자요, (잠 14:21)

He who despises his neighbor sins,

藐视邻舍的, 这人有罪;

愛	憐	貧	者
사랑(애)	불쌍할(련)	가난할(빈)	사람(자)

則	爲	有	福
곧(즉)	할(위)	있을(유)	복(복)

빈곤한 자를 불쌍히 여기는 자는

복이 있는 자다.

빈곤한 자를 불쌍히 여기는 자는 복이 있는 자니라. (잠 14:21)

But happy is he who is gracious to the poor.

*gra·cious [gréiʃəs] a. 자비로우신, 인자하신, 우아한.

怜悯贫穷的, 这人有福.

諸	事	劬	勞
모두(제)	일(사)	수고(구)	일할(로)

모든 수고에는

諸	事	劬	勞

無	不	有	益
없을(무)	아닐(불)	있을(유)	더할(익)

이익이 있어도,

無	不	有	益

모든 수고에는 이익이 있어도, (잠 14:23)

In all labor there is profit,

诸般勤劳, 都有益处;

脣	舌	多	言
입술(순)	혀(설)	많을(다)	말씀(언)

입술의 많은 말은

必	致	貧	乏
반드시(필)	이를(치)	가난할(빈)	모자랄(핍)

궁핍을 이룰 뿐이다.

 ———————

입술의 말은 궁핍을 이룰 뿐이니라. (잠 14:23)

But mere talk leads only to poverty.

嘴上多言, 乃致窮乏.

君	王	榮	耀
임금(군)	임금(왕)	영화(영)	빛날(요)

군왕의 영광은

在	於	民	多
있을(재)	~에(어)	백성(민)	많을(다)

백성이 많아지는 것이며,

군왕의 영광은 백성이 많아지는 것이며, (잠 14:28)

In a multitude of people is a king's glory,

帝王荣耀在乎民多;

君	王	衰	敗
임금(군)	임금(왕)	쇠할(쇠)	패할(패)

군왕의 패망은

君	王	衰	敗

在	於	民	少
있을(재)	~에(어)	백성(민)	적을(소)

백성이 적어지는 것이다.

在	於	民	少

군왕의 패망은, 백성이 적어지는 것이로다. (잠 14:28)

But in the dearth of people is a prince's ruin.

*dearth [də:rθ] n. 부족, 결핍(lack).

君王衰敗在乎民少.

回	答	柔	和
돌아올(회)	대답(답)	순할(유)	화할(화)

使	怒	消	退
시킬(사)	성낼(노)	사라질(소)	물러날(퇴)

유순한 대답은

回	答	柔	和

분노를 사라지게 하여도,

使	怒	消	退

유순한 대답은 분노를 사라지게 하여도, (잠 15:1)

A gentle answer turns away wrath,

*wrath [ræθ, rɑːθ/rɔːθ] n. 격노, 분노, 신의 노여움 천벌.

回答柔和, 使怒消退;

言	語	暴	戾
말씀(언)	말씀(어)	사나울(폭)	포악할(려)

觸	動	怒	氣
범할(촉)	움직일(동)	성낼(노)	기운(기)

과격한 말은

노를 격동한다.

言	語	暴	戾

觸	動	怒	氣

과격한 말은 노를 격동하느니라. (잠 15:1)

*戾(려): 어그러지다, 포악하다, 사납다, 탐하다, 연마하다, 말리다.

But a harsh word stirs up anger.

言语暴戾, 触动怒气.

智	者	言	語
지혜(지)	사람(자)	말씀(언)	말씀(어)

지혜 있는 자의 말은

智	者	言	語

善	用	知	識
착할(선)	쓸(용)	알(지)	알(식)

지식을 선하게 사용하고,

善	用	知	識

지혜 있는 자의 말은 지식을 선하게 사용하고, (잠 15:2)

The tongue of the wise makes knowledge acceptable,

智慧人的舌, 善发知识;

愚	者	之	口
미련할(우)	사람(자)	~의(지)	입(구)

미련한 자의 입은

愚	者	之	口

傾	吐	其	癡
기울(경)	토할(토)	그(기)	미련할(치)

미련한 것을 쏟는다.

傾	吐	其	癡

미련한 자의 입은 미련한 것을 쏟느니라. (잠 15:2)

But the mouth of fools spouts folly.

愚昧人的口, 吐出愚昧.

善	人	之	家
착할(선)	사람(인)	~의(지)	집(가)

의인의 집에는

善	人	之	家

多	藏	貨	財
많을(다)	저장(장)	재물(화)	재물(재)

많은 재물이 쌓이나,

多	藏	貨	財

의인의 집에는 많은 재물이 쌓이나, (잠 15:6)

Great wealth is in the house of the righteous.

义人家中, 多有财宝;

惡	人	得	利
악할(악)	사람(인)	얻을(득)	이로울(리)

악인의 소득은

反	受	擾	害
되돌릴(반)	받을(수)	어지러울(요)	해할(해)

고통이 되는 것이다.

惡	人	得	利

反	受	擾	害

악인의 소득은 고통이 되느니라. (잠 15:6)

But trouble is in the income of the wicked.

惡人得利, 反受扰害.

智	者	之	口
지혜(지)	사람(자)	~의(지)	입(구)

지혜로운 자의 입술은

智	者	之	口

宣	傳	知	識
공포할(선)	전할(전)	알(지)	알(식)

지식을 전파하여도,

宣	傳	知	識

지혜로운 자의 입술은 지식을 전파하여도, (잠 15:7)

The lips of the wise spread knowledge,

智慧人的嘴, 播扬知识;

愚	者	之	心
미련할(우)	사람(자)	~의(지)	마음(심)

毫	無	定	見
터럭(호)	없을(무)	정할(정)	볼(견)

미련한 자의 마음은

정함이 없는 것이다.

愚	者	之	心

毫	無	定	見

미련한 자의 마음은 정함이 없느니라. (잠 15:7)

But the hearts of fools are not so.

愚昧人的心, 并不如此.

惡	人	獻	祭
악할(악)	사람(인)	드릴(헌)	제사(제)

악인의 제사는

惡	人	獻	祭

爲	主	所	惡
할(위)	여호와(주)	바(소)	미워할(오)

여호와께서 미워하셔도,

爲	主	所	惡

악인의 제사는 여호와께서 미워하셔도, (잠 15:8)

The sacrifice of the wicked is an abomination to the Lord,

恶人献祭, 为耶和华所憎恶;

正	直	人	禱
바를(정)	곧을(직)	사람(인)	기도할(도)

정직한 자의 기도는

正	直	人	禱

爲	主	所	悅
할(위)	여호와(주)	바(소)	기쁠(열)

여호와께서 기뻐하신다.

爲	主	所	悅

정직한 자의 기도는 그가 기뻐하시느니라. (잠 15:8)

But the prayer of the upright is his delight.

正直人祈祷, 为他所喜悦.

惡	人	之	道
악할(악)	사람(인)	~의(지)	길(도)

악인의 길은

爲	主	所	惡
할(위)	여호와(주)	바(소)	미워할(오)

여호와께서 미워하셔도,

惡	人	之	道

爲	主	所	惡

악인의 길은 여호와께서 미워하셔도, (잠 15:9)

The way of the wicked is an abomination to the Lord,

恶人的道路, 为耶和华所憎恶;

求	善	義	者
구할(구)	착할(선)	옳을(의)	사람(자)

선의를 따라가는 자는

爲	主	所	愛
할(위)	여호와(주)	바(소)	사랑(애)

여호와께서 사랑하신다.

求	善	義	者

爲	主	所	愛

선의를 따라가는 자는 여호와께서 사랑하시느니라. (잠 15:9)

The Lord loves one who pursues righteousness.

追求公义的, 为他所喜爱.

棄	正	道	者
버릴(기)	바를(정)	길(도)	사람(자)

必	受	嚴	刑
반드시(필)	받을(수)	엄할(엄)	형벌(형)

바른 길을 버리는 자는

엄한 징계를 받을 것이다.

棄	正	道	者

必	受	嚴	刑

바른 길을 버리는 자는 엄한 징계를 받을 것이요, (잠 15:10)

Stern discipline awaits him who leaves the path,

*dis·ci·pline [dísəplin] n. 징계, 계율, 훈계, 규율, 풍기, 훈육, 단련.

舍弃正路的, 必受严刑;

惡	督	責	者
싫어할(오)	감독할(독)	꾸짖을(책)	사람(자)

견책을 싫어하는 자는

必	致	死	亡
반드시(필)	이를(치)	죽을(사)	망할(망)

죽음에 이를 것이다.

惡	督	責	者

必	致	死	亡

견책을 싫어하는 자는 죽음에 이를 것이니라. (잠 15:10)

*惡(오): 미워하다, 싫어하다, 헐뜯다, 비방하다.

He who hates correction will die.

恨恶责备的, 必致死亡.

哲	人	之	心
밝을(철)	사람(인)	~의(지)	마음(심)

명철한 자의 마음은

哲	人	之	心

樂	求	知	識
즐길(락)	구할(구)	알(지)	알(식)

지식을 구하기 즐거워하나,

樂	求	知	識

명철한 자의 마음은 지식을 구하기 즐거워하나, (잠 15:14)

The discerning heart seeks knowledge,

聪明人心求知识;

愚	人	之	口
미련할(우)	사람(인)	~의(지)	입(구)

미련한 자의 입은

好	出	癡	言
좋을(호)	날(출)	미련할(치)	말씀(언)

미련한 말을 즐긴다.

愚	人	之	口

好	出	癡	言

미련한 자의 입은 미련한 말을 즐기느니라. (잠 15:14)
But the mouth of fools feeds on folly.
愚昧人口吃愚昧.

心	謀	在	人
마음(심)	꾀할(모)	있을(재)	사람(인)

마음의 계획은 사람에게 있어도,

心	謀	在	人

允	祈	在	主
허락(윤)	기도(기)	있을(재)	여호와(주)

기도 응답은 여호와께 있다.

允	祈	在	主

마음의 계획은 사람에게 있어도 기도 응답은 여호와께 있느니라. (잠 16:1)

The answer of the tongue, is from the LORD.

心中的谋算在乎人; 舌头的应对, 由于耶和华.

人	之	所	行
사람(인)	~의(지)	바(소)	행할(행)

사람의 행위가

己	目	視	潔
자기(기)	눈(목)	볼(시)	깨끗할(결)

자기 보기에는 모두 깨끗하여도,

사람의 행위가 자기 보기에는 모두 깨끗하여도, (잠 16:2)

We may think we know what is right, but the LORD is the judge of our motives.

All the ways of a man are clean in his own sight,

人一切所行的, 在自己眼中看为清洁;

主	察	人	心
여호와(주)	살필(찰)	사람(인)	마음(심)

爾	事	託	主
너(이)	일(사)	의탁할(탁)	여호와(주)

여호와는 심령을 감찰하신다.

너의 행사를 여호와께 맡기라.

主	察	人	心

爾	事	託	主

여호와는 심령을 감찰하시느니라. (잠 16:2) 너의 행사를 여호와께 맡기라. (잠 16:3)

The Lord weighs the motives. Commit your works to the Lord,

惟有耶和華衡量人心. 你所作的, 要交托耶和華,

爾	之	圖	謀
너(이)	~의(지)	꾀할(도)	꾀할(모)

必	得	成	立
반드시(필)	얻을(득)	이룰(성)	설(립)

(그리하면) 너의 계획하는 것이　　　　　　**이루어질 것이다.**

爾	之	圖	謀

必	得	成	立

(그리하면) 너의 계획하는 것이 이루어지리라. (잠 16:3)

And your plans will be established.

你所謀的, 就必成立.

主	所	造	者
여호와(주)	바(소)	지을(조)	것(자)

俱	適	其	用
갖출(구)	맞을(적)	그(기)	쓸(용)

여호와께서 지으심은　　　　　**그 쓰임에 알맞게 하심이다.**

主	所	造	者

俱	適	其	用

여호와께서 지으심은 그 쓰임에 알맞게 하심이라. (잠 16:4)

*俱(구): 함께하다, 갖추다, 구비하다, 동반하다.

The Lord has made everything for its own purpose,

耶和华所造的, 各适其用;

凡	於	惡	人
무릇(범)	~에(어)	악할(악)	사람(인)

降	罰	日	至
내릴(강)	죄(벌)	날(일)	이를(지)

무릇 악인들에게도

벌 받을 날이 이르게 된다.

凡	於	惡	人

降	罰	日	至

무릇 악인들도 벌 받는 날이 이르게 되느니라. (잠 16:4)

Even the wicked for the day of evil.

就是恶人, 也为祸患的日子.

心	驕	傲	者
마음(심)	교만할(교)	거만할(오)	사람(자)

마음이 거만한 사람을

主	所	憎	惡
여호와(주)	바(소)	미워할(증)	미워할(오)

여호와께서는 미워하시니,

心	驕	傲	者

主	所	憎	惡

마음이 거만한 사람을 여호와께서는 미워하시니, (잠 16:5)

The Lord hates everyone who is arrogant,

凡心里骄傲的, 为耶和华所憎恶;

雖	然	連	手
비록(수)	그럴(연)	잇닿을(련)	손(수)

피차 손을 잡을지라도

難	免	有	罪
어려울(난)	면할(면)	있을(유)	허물(죄)

벌을 면치 못하리라.

雖	然	連	手

難	免	有	罪

피차 손을 잡을지라도 벌을 면치 못하리라. (잠 16:5)

Though they join hand in hand, none shall be unpunished.

虽然连手, 他必不免受罚.

公	義	之	脣
공평할(공)	옳을(의)	~의(지)	입술(순)

의로운 입술은

公	義	之	脣

王	當	悅	納
임금(왕)	마땅(당)	기쁠(열)	들일(납)

왕들이 기뻐하는 것이며,

王	當	悅	納

의로운 입술은 왕들이 기뻐하는 것이요, (잠 16:13)

Righteous lips are the delight of kings,

公义的嘴, 为王所喜悦;

言	正	直	者
말씀(언)	바를(정)	곧을(직)	사람(자)

정직하게 말하는 자는

王	當	喜	愛
임금(왕)	마땅(당)	기쁠(희)	사랑(애)

왕이 기뻐하며 사랑한다.

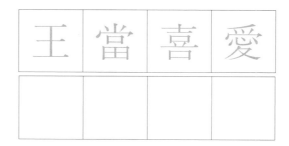

정직하게 말하는 자는 왕이 기뻐하며 사랑하느니라. (잠 16:13)

The King is pleased with words from righteous lips.

说正直话的, 为王所喜爱.

正	直	人	途
바를(정)	곧을(직)	사람(인)	길(도)

정직한 사람의 길은

正	直	人	途

遠	乎	諸	惡
멀(원)	어조사(호)	모두(제)	악할(악)

악을 멀리하고,

遠	乎	諸	惡

정직한 사람의 길은 악을 멀리하고, (잠 16:17)

The highway of the upright is to depart from evil,

正直人的道, 是远离恶事;

守	己	道	者
지킬(수)	자기(기)	길(도)	사람(자)

자기 길을 지키는 자는

守	己	道	者

保	其	生	命
지킬(보)	그(기)	살(생)	목숨(명)

자기 생명을 보전한다.

保	其	生	命

자기의 길을 지키는 자는 자기의 생명을 보전하느니라. (잠 16:17)

He who watches his way preserves his life.

谨守己路的, 是保全性命.

心	驕	必	敗
마음(심)	교만할(교)	반드시(필)	패할(패)

교만에는 멸망이 따르고,

心	驕	必	敗

氣	傲	必	躓
기운(기)	거만할(오)	반드시(필)	넘어질(지)

거만에는 파멸이 따른다.

氣	傲	必	躓

교만에는 멸망이 따르고, 거만에는 파멸이 따른다. (잠 16:18)

Pride goes before destruction, a haughty spirit before a fall.

*de·struc·tion [distrʌkʃən] n. 멸망, 파멸, 절멸.   *haugh·ty [hɔːti] a. 오만한, 거만한, 건방진, 도도한, 불손한.

骄傲在败坏以先; 狂心在跌倒之前.

鍊	銀	者	鼎
달굴(련)	은(은)	것(자)	솥(정)

도가니는 은을 연단하고,

鍊	銀	者	鼎

鍊	金	者	爐
달굴(련)	쇠(금)	것(자)	화로(로)

풀무는 금을 연단하며,

鍊	金	者	爐

도가니는 은을, 풀무는 금을 연단하거니와, (잠 17:3)

The refining pot is for silver and the furnace for gold,

鼎为炼银, 炉为炼金;

練	人	心	者
익힐(련)	사람(인)	마음(심)	사람(자)

사람의 마음을 연단하시는 분은

則	爲	上	帝
곧(즉)	할(위)	하늘(상)	임금(제)

하나님이시다.

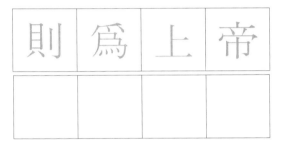

練	人	心	者

則	爲	上	帝

사람의 마음은 하나님께서 연단하시느니라. (잠 17:3)

And a person's heart is tested by Lord.

惟有耶和华熬炼人心.

心	樂	良	藥
마음(심)	즐길(락)	좋을(양)	약(약)

마음의 즐거움은 양약이라도,

心	樂	良	藥

心	憂	骨	枯
마음(심)	근심(우)	뼈(골)	마를(고)

심령의 근심은 뼈를 마르게 한다.

心	憂	骨	枯

마음의 즐거움은 양약이라도 심령의 근심은 뼈를 마르게 하느니라.(잠 17:22)

A joyful heart is good medicine, but a broken spirit dries up the bones.

喜乐的心, 乃是良药, 忧伤的灵, 使骨枯乾

離	於	衆	者
갈라질(리)	~에서(어)	무리(중)	사람(자)

惟	從	己	欲
오직(유)	따를(종)	자기(기)	욕심(욕)

무리에게서 스스로 갈라지는 자는

자기 소욕을 따르는 자다.

무리에게서 스스로 갈라지는 자는 자기 소욕을 따르는 자라. (잠 18:1)

*惟(유): 생각하다, 도모하다, 오직, 오로지, ~와, ~으로써

He who separates himself seeks his own desire.

与众寡合的, 独自寻求心愿,

惡	人	來	時
악할(악)	사람(인)	올(래)	때(시)

악한 자가 이를 때는

惡	人	來	時

輕	蔑	隨	來
경솔(경)	업신여길(멸)	따를(수)	올(래)

멸시도 따라오고,

輕	蔑	隨	來

악한 자가 이를 때에는 멸시도 따라오고, (잠 18:3)

When a wicked man comes, contempt also comes,

*con·tempt [kəntémpt] n. 경멸, 모욕, 치욕, 체면 손상.

恶人来, 藐视随来;

羞	恥	者	至
부끄러울(수)	부끄러울(치)	것(자)	이를(지)

부끄러운 것이 이를 때는

凌	辱	同	至
범할(릉)	욕(욕)	함께(동)	이를(지)

능욕도 함께 오는 것이다.

羞	恥	者	至

凌	辱	同	至

부끄러운 것이 이를 때에는 능욕도 함께 오느니라. (잠 18:3)

Contempt also comes, and with dishonor comes disgrace.

*con·tempt [kəntémpt] n. 부끄러움, 수치, 경멸, 모욕, 치욕, 체면 손상.

羞恥到, 辱罵同到.

上	帝	之	名
하늘(상)	임금(제)	~의(지)	이름(명)

하나님의 이름은

上	帝	之	名

堅	固	之	臺
굳을(견)	굳을(고)	~의(지)	망대(대)

견고한 망대다.

堅	固	之	臺

하나님의 이름은 견고한 망대라. (잠 18:10)

The name of the Lord is a strong tower,

耶和华的名, 是堅固台;

義	人	速	登
옳을(의)	사람(인)	빠를(속)	오를(등)

便	得	安	穩
곧(변)	얻을(득)	편안할(안)	평온할(온)

의인은 (그리로) 달려가서

곧 안전함을 얻는다.

義	人	速	登

便	得	安	穩

의인은 (그리로) 달려가서 즉시 안전함을 얻느니라. (잠 18:10)

The righteous runs into it and is safe.

义人奔入, 便得安穩.

人	心	驕	傲
사람(인)	마음(심)	교만할(교)	거만할(오)

마음의 교만은

人	心	驕	傲

敗	亡	之	先
패할(패)	망할(망)	~의(지)	먼저(선)

멸망의 선봉이며,

敗	亡	之	先

마음의 교만은 멸망의 선봉이요, (잠 18:12)

Before destruction the heart of man is haughty,

*haugh·ty [hɔ́ːti] a. (-ti·er, -ti·est) 오만한, 거만한, 건방진, 도도한, 불손한.

敗坏之先, 人心骄傲;

欲	得	尊	榮		必	先	謙	遜
바랄(욕)	얻을(득)	높을(존)	영화(영)		반드시(필)	먼저(선)	겸손(겸)	겸손(손)

존경받으려면   **먼저 겸손해져야 한다.**

欲	得	尊	榮		必	先	謙	遜

존경을 받으려 하면 먼저 겸손해져야 하느니라. (잠 18:12)

But humility goes before honor.

*hu·mil·i·ty [hjuːmíləti] n. 겸손, 겸양, 비하(卑下), 겸손한 행위.

尊荣以前, 必有谦卑.

聽	言	未	畢
들을(청)	말씀(언)	아닐(미)	마칠(필)

사연을 들어 보지도 않고

而	先	對	應
말이을(이)	먼저(선)	대답할(대)	응할(응)

먼저 대답하면,

聽	言	未	畢

而	先	對	應

사연을 들어 보지도 않고 먼저 대답하면, (잠 18:13)

He who gives an answer before he hears,

未曾听完先回答的,

是	爲	愚	拙
이(시)	할(위)	미련할(우)	미련할(졸)

이는 어리석은 사람으로,

是	爲	愚	拙

必	蒙	恥	辱
반드시(필)	입을(몽)	부끄러울(치)	욕될(욕)

치욕을 당한다.

必	蒙	恥	辱

📖 ——————

이는 어리석은 사람으로 치욕을 당하느니라. (잠 18:13)

It is folly and shame to him.

*fol·ly [fάli/fɔ́li] n. 미련, 어리석음, 우둔.

便是他的愚昧和羞辱.

生	死	關	係
살(생)	죽을(사)	관계(관)	맬(계)

죽고 사는 것이

在	於	出	舌
있을(재)	~에(어)	날(출)	혀(설)

혀의 힘에 달렸으니,

生	死	關	係

在	於	出	舌

죽고 사는 것이 혀의 힘에 달렸나니, (잠 18:21)

*乎(호) 어조사, ~도다, ~느냐?, ~랴, ~에, ~보다, 그런가, 아.

Death and life are in the power of the tongue.

生死在舌头的权下,

珍	重	言	語
보배(진)	무거울(중)	말씀(언)	말씀(어)

신중한 말은

珍	重	言	語

必	得	善	果
반드시(필)	얻을(득)	착할(선)	실과(과)

선한 결과를 얻는다.

必	得	善	果

신중한 말은 선한 결과를 얻느니라. (잠 18:21)

So you must accept the consequences of your words.

*con·se·quence [kάnsikwèns/kɔ́nsikwəns] n. 결과, 결말, 영향력, 귀결, 결론.

珎重言语, 必得善的果子.

愚	昧	之	子
어리석을(우)	어리석을(매)	~의(지)	아들(자)

미련한 아들은

愚	昧	之	子

爲	父	之	災
할(위)	아버지(부)	~의(지)	재앙(재)

그의 아비의 재앙이며,

爲	父	之	災

미련한 아들은 그의 아비의 재앙이요, (잠 19:13)

A foolish son is his father's ruin,

愚昧的儿子, 是父亲的祸患;

好	爭	之	妻
좋을(호)	다툴(쟁)	~의(지)	아내(처)

如	漏	水	滴
같을(여)	떨어질(루)	물(수)	물방울(적)

다투기를 잘하는 아내는

(이어) 떨어지는 물방울이다.

好	爭	之	妻

如	漏	水	滴

📖 ─────────

다투기를 잘하는 아내는 (이어) 떨어지는 물방울이니라. (잠 19:13)

And a quarrelsome wife is like a constant dripping.

妻子的争吵, 如雨连连滴漏.

宅	第	貲	産
집(택)	차례(제)	재물(자)	낳을(산)

祖	父	所	遺
조부(조)	아버지(부)	바(소)	남길(유)

집과 재물은   **조상에게서 상속하거니와,**

宅	第	貲	産

祖	父	所	遺

집과 재물은 조상에게서 상속하거니와, (잠 19:14)

Houses and wealth are inherited from parents,

*in·her·it [inhérit] vt. 상속하다, 물려받다, 재산을 상속하다.

房屋钱财, 是祖宗所遗留的;

賢	德	之	妻
어질(현)	큰(덕)	~의(지)	아내(처)

슬기로운 아내는

是	主	所	賜
이(시)	여호와(주)	바(소)	줄(사)

여호와께서 주신다.

賢	德	之	妻

是	主	所	賜

슬기로운 아내는 여호와께서 주심이라. (잠 19:14)

A prudent wife is from the Lord.

*pru·dent [prúːdənt] a. 슬기로운, 신중한, 분별 있는, 총명한.

惟有贤慧的妻, 是耶和华所赐的.

惰	者	憚	寒
게으를(타)	사람(자)	꺼릴(탄)	찰(한)

게으른 사람은 추위를 꺼려

惰	者	憚	寒

不	勤	耕	種
아닐(불)	일(근)	밭갈(경)	씨(종)

밭을 갈지 않으니,

不	勤	耕	種

게으른 사람은 추위를 꺼려 밭을 갈지 않으니, (잠 20:4)

The sluggard will not plow by reason of the cold.

懶惰人因多寒不肯耕种,

迨	至	穡	時
미칠(태)	이를(지)	거둘(색)	때(시)

乞	而	不	得
빌(걸)	말이을(이)	아닐(부)	얻을(득)

(그가) 거둘 때는　　　　　　　**구걸할지라도 얻지 못한다.**

(그가) 거둘 때에는 구걸할지라도 얻지 못하리라. (잠 20:4)

Therefore shall he beg in harvest, and have nothing.

到收割的时候, 他必讨饭, 而无所得.

能	見	之	目
능할(능)	볼(견)	~의(지)	눈(목)

俱	主	所	造
모두(구)	여호와(주)	바(소)	지을(조)

보는 눈은

다 여호와께서 지으신 것이다.

能	見	之	目

俱	主	所	造

보는 눈은 다 여호와께서 지으신 것이니라. (잠 20:12)

*俱(구): 함께, 모두, 갖추다, 구비하다, 동반하다.

The seeing eye, the Lord has made both of them.

能看的眼, 都是耶和华所造的.

勿	好	貪	寢
말(물)	좋을(호)	탐낼(탐)	잘(침)

잠자기를 좋아하지 말라,

勿	好	貪	寢

恐	致	貧	乏
두려울(공)	이를(치)	가난할(빈)	모자랄(핍)

빈궁하게 될까 두렵다.

恐	致	貧	乏

잠자기를 좋아하지 말라 빈궁하게 될까 두려우니라. (잠 20:13)

Do not love sleep or you will grow poor.

不要貪睡, 免致貧窮;

當	爾	啓	目
마땅(당)	너(이)	열(계)	눈(목)

네 눈을 뜨라,

當	爾	啓	目

可	得	足	食
옳을(가)	얻을(득)	족할(족)	음식(식)

그리하면 양식이 족할 것이다.

可	得	足	食

네 눈을 뜨라 그리하면 양식이 족하리라. (잠 20:13)

Stay awake and you will have food to spare.

眼要睜開, 你就吃飽.

異	制	之	權
다를(이)	제도(제)	~의(지)	저울추(권)

한결같지 않은 저울추는

是	主	所	惡
이것(시)	여호와(주)	것(소)	미워할(오)

여호와께서 미워하시는 것이다.

異	制	之	權

是	主	所	惡

한결같지 않은 저울추는 여호와께서 미워하시는 것이요, (잠 20:23)

Differing weights are an abomination to the Lord,

两样的法码, 为耶和华所憎恶;

欺	詐	之	衡
속일(기)	속일(사)	~의(지)	저울대(형)

甚	爲	不	善
심할(심)	할(위)	아닐(불)	착할(선)

속이는 저울은

좋지 못한 것이다.

欺	詐	之	衡

甚	爲	不	善

속이는 저울은 좋지 못한 것이니라. (잠 20:23)

And a false scale is not good.

诡诈的天平，也为不善.

王	之	心	志
임금(왕)	~의(지)	마음(심)	뜻(지)

왕의 마음이

王	之	心	志

在	主	掌	握
있을(재)	여호와(주)	손바닥(장)	쥘(악)

여호와의 손에 있으며,

在	主	掌	握

 ——————

왕의 마음이 여호와의 손에 있음이. (잠 21:1)

The king's heart is in the hand of the Lord,

王的心在耶和华手中,

隨	意	引	之
따를(수)	뜻(의)	끌(인)	그것(지)

(그가) 임의로 인도하신 것은,

如	溝	之	水
같을(여)	도랑(구)	~의(지)	물(수)

마치 도랑의 물과 같다.

隨	意	引	之

如	溝	之	水

마치 도랑의 물과 같아서 (그가) 임의로 인도하시느니라. (잠 21:1)

He directs it like a watercourse wherever he pleases.

好像陇沟的水, 随意流转.

己	目	視	正
자기(기)	눈(목)	볼(시)	바를(정)

主	察	人	心
여호와(주)	살필(찰)	사람(인)	마음(심)

자기 보기에는 모두 정직하여도　　　　**여호와는 심령을 감찰하신다.**

己	目	視	正

主	察	人	心

자기 보기에는 모두 정직하여도 여호와는 심령을 감찰하시느니라. (잠 21:2)

All a man's ways seem right to him, but the Lord weighs the heart.

在自己的眼中都看为正; 惟有耶和华衡量人心.

行	義	秉	公
행할(행)	옳을(의)	지킬(병)	공평할(공)

의와 공평을 행하는 것은

行	義	秉	公

勝	於	祭	祀
이길(승)	~보다(어)	제사(제)	제사(사)

제사 드리는 것보다 낫다.

勝	於	祭	祀

의와 공평을 행하는 것은 제사 드리는 것보다 낫느니라. (잠 21:3)

*秉(병): 잡다, 지키다, 처리하다, 장악하다, 볏단, 손잡이, 권력.   *勝(승): 낫다, 이기다, 훌륭하다, 승리하다, 바르다.

To do justice and judgment is more acceptable to the Lord than sacrifice.

行仁义公平, 比献祭更蒙耶和华悦纳.

勤	操	作	者
부지런할(근)	부릴(조)	일할(작)	사람(자)

足	致	豊	裕
발(족)	이를(치)	풍성할(풍)	넉넉할(유)

부지런한 자의 경영은

풍부함에 이를 것이며,

부지런한 자의 경영은 풍부함에 이를 것이며, (잠 21:5)

*操(조): 잡다, 부리다, 다루다, 조종하다, 장악하다, 단련하다, 자조.

The plans of a hard-working person lead to prosperity.

殷勤筹画的, 足致丰裕;

急	經	營	者
급할(급)	지날(경)	경영할(영)	사람(자)

反	致	匱	乏
돌아올(반)	이를(치)	모자랄(궤)	가난할(핍)

조급하게 경영하는 자는

궁핍함에 이를 따름이다.

急	經	營	者

反	致	匱	乏

조급하게 경영하는 자는 궁핍함에 이를 따름이니라. (잠 21:5)

If you act too quickly, you will never have enough.

行事急躁的, 都必缺乏,

惡	者	强	暴
악할(악)	사람(자)	강할(강)	사나울(포)

악인의 강포는

終	必	驟	亡
끝날(종)	반드시(필)	달릴(취)	망할(망)

결국 패망으로 달려가는 것이다.

惡	者	强	暴

終	必	驟	亡

악인의 강포는 결국 패망으로 달려가는 것이라. (잠 21:7)

The robbery of the wicked shall destroy them.

惡人的强暴, 必将自己扫除.

罪	人	之	道
허물(죄)	사람(인)	~의(지)	길(도)

죄인의 길은

甚	是	邪	曲
심할(심)	이(시)	간사할(사)	굽을(곡)

심히 구부러졌지만,

罪	人	之	道

甚	是	邪	曲

죄인의 길은 구부러졌지만, (잠 21:8)

The way of the guilty is devious,

*guilty [gílti] a. 유죄의, 간악한, 죄인.　*de·vi·ous [díːviəs] a. 꾸불꾸불한, 길 잃은, 속임수의.

负罪之人的路, 甚是弯曲;

潔	者	所	爲
깨끗할(결)	사람(자)	바(소)	할(위)

當	必	正	直
마땅(당)	반드시(필)	바를(정)	곧을(직)

깨끗한 사람의 행실은

당연히 바르고 곧은 것이다.

潔	者	所	爲

當	必	正	直

깨끗한 사람의 행실은 바르고 곧으니라. (잠 21:8)

The conduct of the innocent is upright.

*con·duct [kándʌkt/kɔ́n-] n. 행위, 품행, 인도하다, 안내하다, 호송하다.   *in·no·cent [ínəsnt] a. 죄 없는, 결백한.

至于清洁的人, 他所行的乃是正直.

暗	饋	禮	物
어두울(암)	보낼(궤)	예도(예)	물건(물)

은밀한 선물은

可	以	止	忿
옳을(가)	써(이)	그칠(지)	성낼(분)

노를 쉬게 하고,

暗	饋	禮	物

可	以	止	忿

은밀한 선물은 노를 쉬게 하고, (잠 21:14)

A gift given in secret calms anger,

*sub·due [səbdjúː] vt. 가라앉히다, 경감하다, 뿌리 뽑다, 없애다, 정복하다, 억제하다.

暗中送的礼物, 挽回怒气;

懷	之	賄	賂
품을(회)	~의(지)	재물(회)	뇌물(뢰)

可	息	大	怒
옳을(가)	쉴(식)	큰(대)	성낼(로)

품 안의 뇌물은

맹렬한 분을 그치게 한다.

懷	之	賄	賂

可	息	大	怒

 ────────

품 안의 뇌물은 맹렬한 분을 그치게 하느니라. (잠 21:14)

A secret gift calms great fury.

*bribe [braib] n. 뇌물.

怀中揣的贿赂, 止息暴怒.

行	公	義	事
행할(행)	공적(공)	옳을(의)	일(사)

善	人	爲	樂
착할(선)	사람(인)	할(위)	즐길(락)

정의를 행하는 것이

의인에게는 즐거움이다.

行	公	義	事

善	人	爲	樂

정의를 행하는 것이 의인에게는 즐거움이요, (잠 21:15)

The exercise of justice is joy for the righteous,

秉公行义, 使义人喜乐,

作	惡	之	者
지을(작)	악할(악)	~의(지)	사람(자)

視	爲	艱	難
볼(시)	할(위)	어려울(간)	어려울(난)

(그러나) 악인의 일은

낭패가 되는 것이다.

作	惡	之	者

視	爲	艱	難

(그러나) 악인의 일은 낭패가 되느니라. (잠 21:15)

But is terror to the workers of iniquity.

*ter·ror [térər] n. 무서움, 공포, 두려움.　*in·iq·ui·ty [iníkwəti] n. 부정, 불법, 사악, 부정행위.

使作孽的人敗坏.

狂	妄	驕	者
미칠(광)	망령될(망)	교만할(교)	사람(자)

名	爲	侮	慢
이름(명)	할(위)	깔볼(모)	거만(만)

무례하고 교만한 자,　　　　　**그를 망령된 자라 한다.**

狂	妄	驕	者

名	爲	侮	慢

무례하고 교만한 자, 이름하여 망령된 자라 하나니, (잠 21:24)

The proud and arrogant man, mocker is his name,

*ar·ro·gant [ǽrəgənt] a. 거만, 오만한, 건방진.　　*móck·er n. 조롱하는 사람

心骄气傲的人, 名叫亵慢;

凡	事	狂	妄
무릇(범)	일(사)	미칠(광)	망령될(망)

行	於	驕	傲
행할(행)	~에서(어)	교만할(교)	거만할(오)

무릇 무례하게 행하는 (자는)

넘치는 교만으로 행한다.

凡	事	狂	妄

行	於	驕	傲

무릇 무례하게 행하는 자는 넘치는 교만으로 행하니라. (잠 21:24)

*於(어): 행하다, 하다, ~에서, ~를, ~보다, ~에 있어서.

He behaves with overweening pride.

他行事狂妄, 都出于骄傲.

貧	富	雜	處
가난할(빈)	부유할(부)	섞일(잡)	곳(처)

가난한 자와 부한 자가 함께 살거니와,

貧	富	雜	處

悉	主	所	造
다(실)	여호와(주)	바(소)	지을(조)

그 모두를 지으신 이는 여호와입니다.

悉	主	所	造

가난한 자와 부한 자가 함께 살거니와 그 모두를 지으신 이는 여호와시니라. (잠 22:2)

The rich and the poor have a common bond, the Lord is the maker of them all.

富户穷人, 在世相遇, 都为耶和华所造.

播	惡	之	者
뿌릴(파)	악할(악)	을(지)	사람(자)

악을 뿌리는 자는

當	必	斂	禍
마땅(당)	반드시(필)	거둘(렴)	재앙(화)

재앙을 거두리니,

播	惡	之	者

當	必	斂	禍

악을 뿌리는 자는 재앙을 거두리니, (잠 22:8)

*之(지): ~을, ~와, ~의, ~가, ~이, 이에, 그리고, 만일, 이르다.

He who sows wickedness reaps trouble,

撒罪孽的, 必收灾祸;

逞	怒	之	杖
굳셀(령)	성낼(로)	~의(지)	지팡이(장)

(그의) 분노의 지팡이는

必	盡	氣	滅
반드시(필)	다할(진)	기세(기)	멸망할(멸)

기세가 꺾일 것이다.

逞	怒	之	杖

必	盡	氣	滅

(그의) 분노의 지팡이는 기세가 꺾일 것이라. (잠 22:8)

*逞(령, 영): 굳세다, 쾌활하다, 왕성하다, 검속하다, 이름(영), 不逞(불령), 逞才(영재).

And the rod of his fury will perish.

*rod n. 막대, 지팡이, 작은 가지, 회초리.　　*fu·ry [fjúəri] n. 진노, 격노, 격분.

他逞怒的杖, 也必废掉.

淫	婦	之	口
음란할(음)	여자(부)	~의(지)	입(구)

음녀의 입은

淫	婦	之	口

有	如	深	阱
있을(유)	같을(여)	깊을(심)	함정(정)

깊은 함정이다.

有	如	深	阱

음녀의 입은 깊은 함정이라. (잠 22:14)

The mouth of an adulteress is a deep pit.

*adul·ter·ess [ədʌ́ltəris] n. 음녀, 간부(姦婦).   *pit [pit] n. 함정, 구덩이, 구멍.

淫妇的口为深坑;

急	遽	怒	者
급할(급)	급히(거)	성낼(로)	사람(자)

勿	交	與	之
말(물)	사귈(교)	같이(여)	그(지)

성급하게 노를 품는 자와

사귀지 말며,

急	遽	怒	者

勿	交	與	之

급하게 노를 품는 자와 사귀지 말며, (잠 22:24)

*之(지): 어조사, ~을, ~와, ~가, 가다, ~과, ~에, 이르다, ~의, 이(=是), 그리고.

Do not associate with a hot-tempered man,

好生气的人, 不可与他结交;

鬱	憤	之	者
답답할(울)	분할(분)	~의(지)	사람(자)

울분한 자와

勿	行	與	之
말(물)	갈(행)	같이(여)	그(지)

동행하지 말라.

鬱	憤	之	者

勿	行	與	之

울분한 자와 동행하지 말지라. (잠 22:24)

*之(지): 어조사, 가다, ~을, ~와, ~가, ~과, ~에, 이르다, ~의, 이(=是), 그리고.

Do not go with a man given to anger.

暴怒的人, 不可与他来往;

若	爾	貪	食
만약(약)	너(이)	탐낼(탐)	먹을(식)

식욕이 마구 동하거든,

若	爾	貪	食

刀	置	於	喉
칼(도)	둘(치)	~에(어)	목(후)

네 목에 칼을 둘 것이다.

刀	置	於	喉

식욕이 마구 동하거든 네 목에 칼을 둘 것이니라. (잠 23:2)

If you are a man of great appetite, put a knife to your throat.

*ap·pe·tite [ǽpitàit] n. 식욕.   *throat [θrout] n. 목, 인후, 숨통, 기관(windpipe), 식도(食道).

你若是貪食的, 就当拿刀放在喉咙上.

勿	貪	珍	饌
말(물)	탐낼(탐)	보배(진)	반찬(찬)

맛있는 음식을 탐하지 말라.

勿	貪	珍	饌

非	善	食	物
아닐(비)	착할(선)	먹을(식)	만물(물)

그것은 속이는 음식이다.

非	善	食	物

맛있는 음식을 탐하지 말라 그것은 속이는 음식이니라. (잠 23:3)

Do not desire his delicacies, for it is deceptive food.

*de·cep·tive [diséptiv] a. 사람을 현혹시키는, 거짓의, 사기의, 속이는, 실망을 주는.

不可贪恋他的美食, 因为是哄人的食物.

罪	人	亨	通
허물(죄)	사람(인)	형통할(형)	통할(통)

죄인의 형통을

罪	人	亨	通

勿	懷	妬	嫉
말(물)	품을(회)	샘낼(투)	시기할(질)

부러워하지 말고,

勿	懷	妬	嫉

죄인의 형통을 부러워하지 말고, (잠 23:17)

Do not let your heart envy sinners,

你心中不要嫉妒罪人,

惟	當	終	日
오직(유)	마땅(당)	마칠(종)	날(일)

오직 항상

惟	當	終	日

敬	畏	上	帝
공경(경)	두려울(외)	하늘(상)	임금(제)

여호와를 경외하라.

敬	畏	上	帝

오직 항상 여호와를 경외하라. (잠 23:17)

But live in the fear of the Lord always.

只要终日敬畏耶和华;

終	有	善	報
결국(종)	있을(유)	착할(선)	갚을(보)

결국 (너에게는) 보상이 따를 것이며

終	有	善	報

必	不	失	望
반드시(필)	아닐(불)	잃을(실)	바랄(망)

소망이 끊어지지 아니할 것이다.

必	不	失	望

결국 (너에게는) 보상이 따를 것이며 소망이 끊어지지 아니할 것이다. (잠 23:18)

*終(종): 마치다, 결국, 마침내, 끝내다, 다하다, 비록.

You will be rewarded for this; your hope will not be disappointed.

因为至终必有善报, 你的指望也不至断绝.

貪	飮	食	者
탐낼(탐)	마실(음)	밥(식)	사람(자)

술 취하고 음식을 탐하는 자는

貪	飮	食	者

必	致	貧	乏
반드시(필)	이를(치)	가난할(빈)	모자랄(핍)

필히 가난하여질 것이다.

必	致	貧	乏

술 취하고 음식을 탐하는 자는 가난하여질 것이라. (잠 23:21)

For the heavy drinker and the glutton will come to poverty,

*glut·ton [glʌtn] n. 대식가(大食家), 폭식가.

因为好酒贪食的, 必至贫穷;

義	人	之	父
옳을(의)	사람(인)	~의(지)	아버지(부)

의인의 아버지는

當	必	大	樂
마땅(당)	반드시(필)	큰(대)	즐길(락)

크게 즐거워할 것이다.

義	人	之	父

當	必	大	樂

의인의 아버지는 크게 즐거워할 것이요. (잠 23:24)

The father of the righteous will greatly rejoice.

义人的父亲, 必大得快乐;

生	智	慧	子
날(생)	지혜(지)	지혜(혜)	아들(자)

必	之	歡	悅
반드시(필)	그것(지)	기쁠(환)	기쁠(열)

지혜로운 자식을 낳은 자는

그로 말미암아 즐거울 것이다.

지혜로운 자식을 낳은 자는 그로 말미암아 즐거울 것이라. (잠 23:24)

And he who sires a wise son will be glad in him.

*sire [saiər] n. 《시어》 아버지, 조상, 창시자.

人生智慧的儿子, 必因他欢喜.

酒	醇	而	紅
술(주)	진한술(순)	말이을(이)	붉을(홍)

포도주가 아무리 붉고

在	杯	美	色
있을(재)	잔(배)	아름다울(미)	빛(색)

잔에서 고와도,

酒	醇	而	紅

在	杯	美	色

포도주가 아무리 붉고 잔에서 고와도, (잠 23:31)

The wine when it is red, when it gives his color in the cup,

酒发红，在杯中闪烁，

下	咽	暢	適
아래(하)	목구멍(인)	후련할(창)	만날(적)

순하게 내려가나니,

下	咽	暢	適

爾	勿	戀	之
너(이)	말(물)	그리워할(련)	그것(지)

너는 그것을 그리워하지 말라.

爾	勿	戀	之

순하게 내려가나니 너는 그것을 그리워하지 말지어다. (잠 23:31)

When it goes down smoothly, you do not temptation.

你不可观看, 虽然下咽舒畅,

惡	人	亨	通
악할(악)	사람(인)	형통할(형)	통할(통)

악인의 형통을

惡	人	亨	通

勿	妬	嫉	之
말(물)	강샘할(투)	미워할(질)	그것(지)

질투하지 말며,

勿	妬	嫉	之

악인의 형통을 질투하지 말며, (잠 24:1)

Do not envy wicked men.

你不要嫉妒恶人,

家	室	建	立
집(가)	집(실)	세울(건)	설(립)

俱	由	智	慧
함께(구)	연유(유)	지혜(지)	지혜(혜)

집이 세워지는 것은

지혜로 말미암아서이다.

家	室	建	立

俱	由	智	慧

집의 건축은 지혜로 말미암아 세워지느니라. (잠 24:3)

Through wisdom the house shall be built.

房屋因智慧建造,

智	者	有	能
지혜(지)	사람(자)	있을(유)	능할(능)

지혜 있는 자는 능력이 있고,

智	者	有	能

識	者	力	强
알(식)	사람(자)	힘(력)	강할(강)

지식 있는 자는 힘이 더한다.

識	者	力	强

지혜 있는 자는 능력이 있고 지식 있는 자는 힘이 더하니라. (잠 24:5)

A wise man has great power, and a man of knowledge increases strength.

智慧人大有能力; 有知识的人, 力上加力.

智	於	愚	人
지혜(지)	~에(어)	미련할(우)	사람(인)

미련한 자에게 지혜는

智	於	愚	人

高	不	可	及
높을(고)	아닐(불)	옳을(가)	미칠(급)

높아서 미치지 못한다,

高	不	可	及

📖 ————————

지혜는 미련한 자가 볼 때 높아서 미치지 못하는도다, (잠 24:7)

Wisdom is too exalted for a fool,

*ex·ált·ed [–id] a. 고귀한, 지위가 높은, 고위의, 고상한, 고원.

智慧极高, 非愚昧人所能及,

故	在	城	門
연고(고)	있을(재)	재(성)	문(문)

不	敢	啓	口
아닐(불)	감히(감)	열(계)	입(구)

그래서 성문에서

입을 열지 못한다.

故	在	城	門

不	敢	啓	口

그래서 성문에서 입을 열지 못하느니라. (잠 24:7)

He does not open his mouth in the gate.

所以在城门内, 不敢开口.

愚	者	思	念
어리석을(우)	사람(자)	생각할(사)	생각할(념)

어리석은 사람의 생각은

皆	爲	罪	惡
다(개)	할(위)	죄(죄)	악할(악)

모든 것이 죄악이다.

————————

미련한 사람의 생각은 죄요. (잠 24:9)

The schemes of folly are sin.

愚妄人的思念, 乃是罪惡;

傲	慢	之	人
거만할(오)	거만할(만)	~의(지)	사람(인)

오만한 사람은

衆	所	甚	惡
무리(중)	바(소)	심할(심)	미움(오)

누구나 미워한다.

傲	慢	之	人

衆	所	甚	惡

오만한 사람은 누구나 미워하느니라. (잠 24:9)

The scoffer is an abomination to men.

*abòm·i·ná·tion n. 혐오, 증오, 싫음.

裵慢者为人所憎恶.

我	之	子	歟
나(아)	~의(지)	아들(자)	야(여)

내 아이들아,

我	之	子	歟

食	蜂	之	蜜
먹을(식)	벌(봉)	~의(지)	꿀(밀)

송이 꿀을 먹어라.

食	蜂	之	蜜

내 아이들아, 송이 꿀을 먹어라. (잠 24:13)

My son, eat honey.

我儿, 吃蜂房下滴的蜜.

以	其	味	美
써(이)	그(기)	맛(미)	좋을(미)

그 좋은 맛은

甘	於	爾	齶
달(감)	~에(어)	너(이)	잇몸(악)

너의 입에 달콤할 것이다.

以	其	味	美

甘	於	爾	齶

그 좋은 맛은 너의 입에 달콤할 것이다. (잠 24:13)

*美(미): 아름답다, 좋다, 맛나다, 경사스럽다, 즐기다, 미국 약칭.

The honey from the comb is sweet to your taste.

因为是好的, 更觉甘甜.

爾	敵	傾	覆
너(이)	대적할(적)	기울(경)	넘어질(복)

원수가 넘어질 때

不	可	欣	喜
아닐(불)	옳을(가)	기쁠(흔)	기쁠(희)

즐거워하지 말라.

爾	敵	傾	覆

不	可	欣	喜

원수가 넘어질 때에 즐거워하지 말라. (잠 24:17)

Do not rejoice when your enemy falls.

你仇敌跌倒, 你不要欢喜;

彼	顚	蹶	時
그(피)	넘어질(전)	쓰러질(궐)	때(시)

그가 엎드러질 때에

彼	顚	蹶	時

爾	勿	快	樂
너(이)	말(물)	쾌할(쾌)	즐길(락)

(마음에) 기뻐하지 말라.

爾	勿	快	樂

그가 엎드러질 때에 (마음에) 기뻐하지 말라. (잠 24:17)

And do not let your heart be glad when he stumbles.

他倾倒, 你心不要快乐;

且	寢	片	時
또(차)	잠잘(침)	조각(편)	때(시)

再	盹	片	時
거듭(재)	졸(순)	조각(편)	때(시)

좀더 자자.

좀더 졸자.

且	寢	片	時

再	盹	片	時

좀더 자자. 좀더 졸자. (잠 24:33)

A little sleep, a little slumber.

再睡片时, 打盹片时,

貧	窮	臨	爾
가난할(빈)	다할(궁)	임할(림)	너(이)

네 빈궁이 임하기를

速	如	强	盜
빠를(속)	같을(여)	강할(강)	도둑(도)

강도처럼 들이닥친다.

貧	窮	臨	爾

速	如	强	盜

네 빈궁이 강도같이 오느니라. (잠 24:34)

Poverty will come on you like a bandit.

*ban·dit [bǽndit] n. 노상강도, 도둑, 악당, 악한.

你的贫穷, 就必如强盗速来,

匱	乏	及	爾
결핍(궤)	모자랄(핍)	미칠(급)	너(이)

네 곤핍함이

迅	如	兵	士
빠를(신)	같을(여)	군사(병)	선비(사)

군사같이 몰려올 것이다.

匱	乏	及	爾

迅	如	兵	士

네 곤핍함이 군사같이 이르리라. (잠 24:34)

Scarcity like an armed man.

*恨(한): 한, 원망스럽다, 한탄, 미워하다, 억울하다.

你的缺乏, 彷佛拿兵器的人来到.

所	羅	門	之
바(소)	그물(라)	문(문)	~의(지)

솔로몬의

其	之	箴	言
그(기)	~의(지)	경계(잠)	말씀(언)

그의 잠언이요.

所	羅	門	之

其	之	箴	言

(이것은) 솔로몬의 잠언이요 (잠 25:1)

These are more proverbs of Solomon,

以下也是所罗门的箴言,

希	西	家	之
바랄(희)	서녘(서)	집(가)	~의(지)

히스기야의

臣	所	集	者
신하(신)	바(소)	모일(집)	것(자)

신하들이 편집한 것이다.

希	西	家	之

臣	所	集	者

히스기야의 신하들이 편집한 것이니라. (잠 25:1)

Copied by the men of Hezekiah king of Judah

是犹大王希西家的人所誊录的.

將	事	隱	秘
대저(장)	일(사)	숨길(은)	숨길(비)

일을 숨기는 것은

上	帝	之	榮
하늘(상)	임금(제)	~의(지)	영화(영)

하나님의 영화요

將	事	隱	秘

上	帝	之	榮

일을 숨기는 것은 하나님의 영화요, (잠 25:2)

*將(장): 장차, 대저, 무릇, 청컨대, 만일, 오히려, 어찌, 청컨대.

It is the glory of God to conceal a matter,

将事隐秘, 乃神的荣耀;

將	事	察	淸
대저(장)	일(사)	살필(찰)	분명할(청)

일을 살피는 것은

將	事	察	淸

君	王	之	榮
임금(군)	임금(왕)	~의(지)	영화(영)

왕의 영화니라.

君	王	之	榮

일을 살피는 것은 왕의 영화니라. (잠 25:2)

*淸(청): 맑다, 분명하다, 탐욕이 없다, 사념이 없다, 고요하다.

To search out a matter is the glory of kings.

將事察清, 乃君王的荣耀,

天	上	之	高
하늘(천)	위(상)	~의(지)	높을(고)

하늘의 높음과

天	上	之	高

土	地	之	厚
흙(토)	땅(지)	~의(지)	두터울(후)

땅의 깊음같이

土	地	之	厚

하늘의 높음과 땅의 깊음같이, (잠 25:3)

As the heavens are high and the earth is deep,

天之高, 地之厚,

君	王	之	心
임금(군)	임금(왕)	~의(지)	마음(심)

皆	不	可	測
모두(개)	아니(불)	가히(가)	잴(측)

왕의 마음은

헤아릴 수 없느니라.

君	王	之	心

皆	不	可	測

 ────────

왕의 마음은 헤아릴 수 없느니라.(잠 25:3)

*可(가): 옳다, 가히, 정도, 허락하다.

So the hearts of kings are unsearchable.

君王之心也測不透.

除	滓	於	銀
덜(제)	찌기(재)	~에서(어)	은(은)

은에서 찌꺼기를 제하라

除	滓	於	銀

用	以	製	器
쓸(용)	써(이)	지을(제)	그릇(기)

쓸 만한 그릇이 나올 것이다

用	以	製	器

은에서 찌꺼기를 제하라 쓸 만한 그릇이 나올 것이다. (잠 25:4)

Silver must be purified before it can be used to make something of value.

除去银子的渣滓, 就有银子出来, 银匠能以作器皿.

爾	與	隣	訟
너(이)	더불(여)	이웃(린)	송사할(송)

要	與	辨	論
구할(요)	협조할(여)	분별할(변)	말할(론)

너는 이웃과 다투거든

변론만 하라

爾	與	隣	訟

要	與	辨	論

너는 이웃과 다투거든 변론만 하라. (잠 25:9)

*與(여): 더불다, 협조하다, 돕다, 허락하다, 참여하다, 친하다, 기록하다, 위하여, 어조사.

If you and your neighbor have a difference of opinion, settle it between yourselves.

你与邻舍争讼, 要与他一人辩论.

不	可	洩	漏
아니(불)	옳을(가)	샐(설)	샐(루)

人	之	密	事
사람(인)	~의(지)	비밀(밀)	일(사)

누설하지 말 것은　　　　　　　　**남의 은밀한 것이다.**

不	可	洩	漏

人	之	密	事

남의 은밀한 일은 누설하지 말라(잠 25:9)

*密(밀): 빽빽하다, 비밀, 자세하다, 가깝다, 친하게 하다, 숨기다, 누설하지 아니하다.

Do not reveal another person's confidence.

不可泄漏人的密事.

聽	者	責	爾
들을(청)	사람(자)	꾸짖을(책)	너(이)

貽	羞	不	已
끼칠(이)	부끄러울(수)	아니(불)	그칠(이)

듣는 자가 너를 꾸짖을 터이요,

악평이 떠나지 아느니라.

聽	者	責	爾

貽	羞	不	已

듣는 자가 너를 꾸짖을 터이요 또 (네게 대한) 악평이 떠나지 아느니라 (잠 25:10)

*已(이): 이미, 벌써, ~뿐, 따름, 반드시, 써, 조금 있다가, 그치다, 그만두다.

The one who hears will disagree you, and you will never lose your bad reputation.

恐怕听见的人骂你, 你的臭名就难以脱离.

爾	往	友	家
너(이)	갈(왕)	벗(우)	집(가)

不	可	煩	數
아니(불)	옳을(가)	번거로울(번)	셀(수)

너는 이웃집에

자주 다니지 말라.

爾	往	友	家

不	可	煩	數

너는 이웃집에 자주 다니지 말라. (잠 25:17)

Let your foot rarely be in your neighbor's house,

你的脚要少进邻舍的家,

恐	其	厭	爾
두려울(공)	그(기)	싫을(염)	너(이)

그가 너를 싫어하며

恐	其	厭	爾

恐	其	惡	爾
두려울(공)	그(기)	미워할(오)	너(이)

미워할까 두려우니라.

恐	其	惡	爾

그가 너를 싫어하며 미워할까 두려우니라. (잠 25:17)

Or he will become weary of you and hate you.

恐怕他厌烦你, 恨恶你.

敵	饑	則	食
원수(적)	주릴(기)	곧(즉)	먹일(사)

원수가 배고파하거든 음식을 먹이고

敵	渴	則	飲
원수(적)	목마를(갈)	곧(즉)	마실(음)

목말라하거든 물을 마시게 하라

네 원수가 배고파하거든 음식을 먹이고 목말라하거든 물을 마시게 하라 (잠 25:21)

If your enemy is hungry, give him food to eat; if he is thirsty, give him water to drink.

你的仇敌，若饿了，就给他饭吃；若渴了，就给他水喝；

愚	人	言	癡
미련할(우)	사람(인)	말씀(언)	어리석을(치)

미련한 사람이 어리석은 말을 할 때는,

愚	人	言	癡

爾	勿	應	之
너(이)	말(물)	응할(응)	그것(지)

너희는 대답하지 말라.

爾	勿	應	之

미련한 사람이 어리석은 말을 할 때에는 대답하지 말라. (잠 26:4)

Do not answer a fool according to his folly.

不要照愚昧人的愚妄话回答他,

猶	如	犬	食
오히려(유)	같을(여)	개(견)	먹을(식)

오히려 개가 먹을 것을

吐	而	復	食
토할(토)	말이을(이)	다시(부)	먹을(식)

토하여 다시 먹은 것(같이),

猶	如	犬	食

吐	而	復	食

개가 그 토한 것을 도로 먹는 것(같이), (잠 26:11)

As a dog returns to its vomit,

*vom·it [vámit/vɔ́m-] vi. 토하다, 게우다.

就如狗转过来吃他所吐的.

愚	者	行	愚
미련할(우)	사람(자)	행할(행)	미련할(우)

行	而	復	行
행할(행)	말이을(이)	다시(부)	행할(행)

미련한 사람은 미련한 일을

거듭 행한다.

愚	者	行	愚

行	而	復	行

미련한 사람은 미련한 일을 거듭 행하느니라. (잠 26:11)

So a fool repeats his folly.

愚昧人行愚妄事, 行了又行,

炭	燃	加	熱
숯(탄)	탈(연)	더할(가)	태울(열)

숯불 위에 숯을 더하는 것과,

炭	燃	加	熱

柴	添	火	焰
섶(시)	더할(첨)	불(화)	불꽃(염)

타는 불에 나무를 더하는 것(같이),

柴	添	火	焰

숯불 위에 숯을 더하는 것과 타는 불에 나무를 더하는 것(같이), (잠 26:21)

Charcoal is to hot coals as wood is to fire,

就如馀火加炭, 火上加柴一样,

好	爭	之	者
좋을(호)	다툴(쟁)	~의(지)	사람(자)

滋	事	是	非
불을(자)	일(사)	옳을(시)	아닐(비)

다툼을 좋아하는 자는

시비를 불러일으킨다.

好	爭	之	者

다툼을 좋아하는 자는 시비를 불러일으키느니라. (잠 26:21)

So also a quarrelsome man fuels strife.

*quar·rel·some [kwɔ́ːrəlsəm, kwɑ́r-] a. 싸우기를 좋아하는, 말다툼을 좋아하는, 시비조의.

好爭竞的人煽惑争端.

朋	友	痛	責
벗(붕)	벗(우)	아플(통)	꾸짖을(책)

친구의 책망은 아파도

朋	友	痛	責

出	于	眞	心
날(출)	~부터(우)	참(진)	마음(심)

진심에서 나오는 것이다.

出	于	眞	心

친구의 책망은 아파도 진심에서 나오는 것이니라. (잠 27:6)

The wounds of a friend are trustworthy.

朋友加的伤痕, 出于忠诚;

寶	膏	美	香
보배(보)	기름(고)	아름다울(미)	향기(향)

能	悅	人	心
능할(능)	기쁠(열)	사람(인)	마음(심)

기름과 향이

사람의 마음을 즐겁게 한다.

寶	膏	美	香

能	悅	人	心

기름과 향이 사람의 마음을 즐겁게 하느니라. (잠 27:9)

Oil and perfume make the heart glad.

膏油与香料, 使人心喜悦;

鼎	爲	煉	銀
솥(정)	할(위)	달굴(련)	은(은)

솥으로 은을 연단하고,

爐	爲	煉	金
화로(로)	할(위)	달굴(련)	쇠(금)

풀무로 금을 연단한다.

鼎	爲	煉	銀

爐	爲	煉	金

솥으로 은을 연단하고, 풀무로 금을 연단하나니. (잠 27:21)

The crucible is for silver and the furnace for gold.

*cru·ci·ble [krúːsəbl] n. 도가니, 솥, 호된 시련.　　*cru·ci·ble [krúːsəbl] n. 도가니, 솥, 호된 시련.

鼎为炼银, 炉为炼金,

人	的	稱	讚
사람(인)	~의(적)	일컬을(칭)	기릴(찬)

사람의 칭찬은

可	試	煉	人
옳을(가)	시험(시)	달굴(련)	사람(인)

사람을 단련한다.

人	的	稱	讚

可	試	煉	人

 _____

사람의 칭찬은 사람을 단련하느니라. (잠 27:21)

*的(적): ~의. 과녁, 참, 목표, 연밥, 연지, 분명하다,

And A person refines his fraise.

人的称赞也试炼人.

乾	草	割	去
마를(건)	풀(초)	벨(할)	갈(거)

마른 풀을 벤 후에는

乾	草	割	去

復	又	發	芽
다시(부)	또(우)	필(발)	싹(아)

새로 움이 돋나니,

復	又	發	芽

마른 풀을 벤 후에는 새로 움이 돋나니, (잠 27:25)

The hay is removed, and the new growth appears.

*hay [hei] n. 건초, 건초용 풀.

乾草割去, 嫩草发现,

蔬	生	山	間
나물(소)	날(생)	뫼(산)	사이(간)

산간에 난 나물을

蔬	生	山	間

皆	當	斂	藏
다(개)	마땅(당)	거둘(렴)	저장(장)

거두어 저장하라.

皆	當	斂	藏

산간에 난 나물을 거둘 것이니라. (잠 27:25)

And the herbs of the mountains are gathered in.

山上的菜蔬, 也被收斂.

作	惡	之	人
지을(작)	악할(악)	~의(지)	사람(인)

악인은

不	明	公	義
아니(불)	밝을(명)	공평할(공)	옳을(의)

정의를 깨닫지 못하나,

作	惡	之	人

不	明	急	義

악인은 정의를 깨닫지 못하나, (잠 28:5)

Evil men do not understand justice,

坏人不明白公义;

尋	求	主	者
찾을(심)	구할(구)	여호와(주)	사람(자)

無	所	不	明
없을(무)	바(소)	아니(불)	밝을(명)

여호와를 찾는 자는

모든 것을 깨닫는다.

尋	求	主	者

無	所	不	明

여호와를 찾는 자는 모든 것을 깨닫느니라. (잠 28:5)

But those who seek the Lord understand it fully.

惟有寻求耶和华的, 无不明白.

貸	金	厚	利
빌릴(대)	돈(금)	두터울(후)	이익(리)

중한 변리로

增	益	財	者
더할(증)	더할(익)	재물(재)	것(자)

(자기) 재산을 많아지게 하는 것은,

貸	金	厚	利

增	益	財	者

중한 변리로 (자기) 재산을 많아지게 하는 것은, (잠 28:8)

*金(금): 성, 돈, 쇠, 금, 귀하다.

If you get rich by charging interest and taking advantage of people,

人以厚利加增財物,

爲	濟	貧	者
위할(위)	도울(제)	가난할(빈)	사람(자)

가난한 사람 구제를 위하여

爲	濟	貧	者

所	積	之	財
바(소)	쌓을(적)	~의(지)	재물(재)

그 재산을 저축하는 것이다.

所	積	之	財

가난한 사람 구제를 위하여 저축하는 것이니라. (잠 28:8)

Your wealth will go to someone who is kind to the poor.

是给那怜悯穷人者积蓄的.

不	聽	律	法
아닐(불)	들을(청)	법칙(율)	법(법)

율법을 듣지 않으면

主	厭	祈	禱
여호와(주)	싫을(염)	빌(기)	빌(도)

하나님은 (그의) 기도를 싫어하신다.

不	聽	律	法

主	厭	祈	禱

율법을 듣지 않으면 여호와는 그의 기도를 싫어하시느니라. (잠 28:9)

If someone quite listening to the Law even his prayer is detestable.

转耳不听律法的, 他的祈祷也为可憎.

善	人	得	志
착할(선)	사람(인)	얻을(득)	뜻(지)

의인이 뜻을 얻으면

人	有	大	榮
사람(인)	있을(유)	큰(대)	영화(영)

사람에게 큰 영화가 있고,

善	人	得	志

人	有	大	榮

 ―――――――――

의인이 뜻을 득의하면 사람에게 큰 영화가 있고, (잠 28:12)

When the righteous triumph, there is great glory,

义人得志, 有大荣耀;

惡	人	興	起
악할(악)	사람(인)	일어날(흥)	일어날(기)

악인이 일어나면

惡	人	興	起

人	皆	避	匿
사람(인)	다(개)	피할(피)	숨길(닉)

사람이 피하고 숨는 것이다.

人	皆	避	匿

악인이 일어나면 사람이 피하고 숨느니라. (잠 28:12)

But when the wicked rise, men hide themselves.

恶人兴起人, 就躲藏.

隱	諱	過	者
숨길(은)	숨길(휘)	과실(과)	사람(자)

자기 죄를 숨기는 자는

隱	諱	過	者

必	不	亨	通
반드시(필)	아닐(불)	형통할(형)	통할(통)

형통하지 못하며,

必	不	亨	通

자기 죄를 숨기는 자는 형통하지 못하나, (잠 28:13)

He who conceals his sins does not prosper,

*con·ceal [kənsíːl] vt. 숨기다, 숨다.

遮掩自己罪过的, 必不亨通;

認	過	棄	者
인정(인)	과실(과)	버릴(기)	사람(자)

죄를 자복하고 버리는 자는

認	過	棄	者

必	蒙	矜	恤
반드시(필)	입을(몽)	불쌍할(긍)	불쌍할(휼)

긍휼히 여김을 받을 것이다.

必	蒙	矜	恤

죄를 자복하고 버리는 자는 긍휼히 여김을 받으리라. (잠 28:13)

But he who confesses and forsakes them will find compassion.

承认离弃罪过的, 必蒙怜恤.

恒	敬	畏	者
항상(항)	공경(경)	두려울(외)	사람(자)

항상 경외하는 자는

恒	敬	畏	者

則	爲	有	福
곧(즉)	할(위)	있을(유)	복(복)

복된다.

則	爲	有	福

항상 경외하는 자는 복되거니와, (잠 28:14)

How blessed is the man who fears always,

常存敬畏的, 便为有福;

剛	愎	心	者
굳셀(강)	강퍅할(퍅)	마음(심)	사람(자)

마음을 완악하게 하는 자는

必	陷	於	害
반드시(필)	빠질(함)	~에(어)	재앙(해)

재앙에 빠진다.

剛	愎	心	者

必	陷	於	害

마음을 완악하게 하는 자는 재앙에 빠지리라. (잠 28:14)

But he who hardens his heart will fall into calamity.

心存剛硬的, 必陷在祸患里.

無	知	之	君
없을(무)	알(지)	~의(지)	임금(군)

多	行	暴	虐
많을(다)	행할(행)	사나울(포)	모질(학)

무지한 치리자는

포학을 크게 행한다.

無	知	之	君

多	行	暴	虐

무지한 치리자는 포학을 크게 행하거니와, (잠 28:16)

*暴(포): 사납다, 모질다, 쬐다(폭).

A ruler who lacks understanding is a cruel oppressor,

无知的君多行暴虐;

不	貪	財	者
아닐(불)	탐낼(탐)	재물(재)	사람(자)

재산을 탐하지 않은 자는

必	亨	遐	齡
반드시(필)	형통할(형)	멀(하)	나이(령)

반드시 장수할 것이다.

不	貪	財	者

必	亨	遐	齡

재산을 탐하지 않은 자는 장수하리라. (잠 28:16)

But he who hates unjust gain will prolong his days.

*snare [snɛər] n. 덫, 올가미, 속임수, 함정.

以貪財为可恨的, 必年长日久.

行	正	直	者
행할(행)	바를(정)	곧을(직)	사람(자)

可	得	拯	救
옳을(가)	얻을(득)	건질(증)	구원할(구)

바르게 사는 사람은　　　　　**구원을 받을 것이다.**

行	正	直	者

可	得	拯	救

 ―――――――――

바르게 사는 사람은 구원을 받느니라. (잠 28:18)

He who walks blamelessly will be delivered.

行动正直的, 必蒙拯救;

耕	其	田	者
밭갈(경)	그(기)	밭(전)	사람(자)

자기 토지를 경작하는 자는

耕	其	田	者

必	得	飽	食
반드시(필)	얻을(득)	배부를(포)	먹을(식)

먹을 것이 많으며,

必	得	飽	食

자기의 토지를 경작하는 자는 먹을 것이 많으려니와, (잠 28:19)

Whoever works his land will have plenty to eat,

耕种自己田地的, 必得饱食;

追	隨	虛	妄
좇을(추)	따를(수)	빌(허)	망령될(망)

足	受	窮	乏
만족할(족)	받을(수)	다할(궁)	모자랄(핍)

허망함을 따르는 (자는)   **궁핍함이 많을 것이다.**

追	隨	虛	妄

足	受	窮	乏

 ————————

허망함을 따르는 (자는) 궁핍함이 많으리라. (잠 28:19)

But he who follows empty pursuits will have poverty in plenty.

追隨虛浮的, 足受窮乏.

誠	實	之	人
정성(성)	열매(실)	~의(지)	사람(인)

성실한 사람은

必	得	多	福
반드시(필)	얻을(득)	많을(다)	복(복)

풍성한 복을 받아도,

誠	實	之	人

必	得	多	福

성실한 사람은 풍성한 복을 받아도, (잠 28:20)

A faithful person will have many blessings,

诚实人必多得福;

急	圖	致	富
급할(급)	그림(도)	이를(치)	부유할(부)

부자가 되려고 서두르는 사람은

难	免	有	罰
어려울(난)	면할(면)	있을(유)	벌할(벌)

형벌을 면치 못할 것이다.

急	圖	致	富

难	免	有	罰

부자가 되려고 서두르는 사람은 형벌을 면치 못할 것이다. (잠 28:20)

Butt one in a hurry to get rich will not go unpunished.

想要急速发财的, 不免受罚.

有	惡	眼	人
있을(유)	악할(악)	눈(안)	사람(인)

악한 눈이 있는 자는

有	惡	眼	人

急	求	富	有
급할(급)	구할(구)	부유할(부)	있을(유)

재물을 얻기에만 급하고,

急	求	富	有

악한 눈이 있는 자는 재물을 얻기에만 급하고, (잠 28:22)

A man with an evil eye hastens to be rich,

人有恶眼想要急速发财,

不	知	窮	乏
아닐(부)	알(지)	다할(궁)	모자랄(핍)

빈궁을 알지 못한다.

終	必	臨	之
마칠(종)	반드시(필)	임할(림)	그것(지)

(더욱이 그것이) 결국 그에게 임하게 됨을

不	知	窮	乏

終	必	臨	之

빈궁이 자기에게로 임할 줄은 알지 못하느니라. (잠 28:22)

And he does not know that loss has come upon him.

却不知穷乏必临到他身.

濟	爲	貧	者
도울(제)	할(위)	가난할(빈)	사람(자)

가난한 자를 구제하는 자는

不	致	缺	乏
아닐(불)	이를(치)	모자랄(결)	모자랄(핍)

궁핍하지 아니한다.

가난한 자를 구제하는 자는 궁핍하지 아니하도다. (잠 28:27)

He who gives to the poor will never want.

周济贫穷的, 不致缺乏;

惡	人	興	起
악할(악)	사람(인)	일어날(흥)	일어날(기)

악인이 일어나면

惡	人	興	起

人	多	藏	匿
사람(인)	많을(다)	감출(장)	숨길(닉)

사람이 숨어 살고,

人	多	藏	匿

악인이 일어나면 사람이 숨어 살고, (잠 28:28)

When the wicked rise, men hide themselves,

恶人兴起, 人就躲藏;

惡	人	敗	亡
악할(악)	사람(인)	패할(패)	망할(망)

악인이 멸망하면

善	人	增	多
착할(선)	사람(인)	더할(증)	많을(다)

의인이 많아지는 것이다.

惡	人	敗	亡

善	人	增	多

악인이 멸망하면 의인이 많아지느니라. (잠 28:28)

When the wicked perish, the righteous increase.

惡人敗亡, 义人增多.

善	人	增	多
착할(선)	사람(인)	불을(증)	많을(다)

의인이 많아지면

善	人	增	多

民	則	欣	喜
백성(민)	곧(즉)	기쁠(흔)	기쁠(희)

백성이 즐거워하고,

民	則	欣	喜

의인이 많아지면 백성이 즐거워하고, (잠 29:2)

When the righteous increase, the people rejoice,

义人增多, 民就喜乐;

惡	人	秉	權
악할(악)	사람(인)	잡을(병)	권세(권)

악인이 권세를 잡으면

民	則	歎	息
백성(민)	곧(즉)	탄식할(탄)	숨쉴(식)

백성이 탄식하게 된다.

惡	人	秉	權

民	則	歎	息

악인이 권세를 잡으면 백성이 탄식하느니라. (잠 29:2)

*息(식): 쉬다, 숨 쉬다, 호흡하다, 생존하다, 번식하다, 그치다, 휴게소

But when a wicked man rules, people groan.

恶人掌权, 民就叹息.

王	秉	公	義
임금(왕)	잡을(병)	공평할(공)	의로울(의)

왕은 공의로

使	國	堅	立
시킬(사)	나라(국)	굳을(견)	설(립)

나라를 견고케 한다.

王	秉	公	義

使	國	堅	立

왕은 공의로 나라를 견고케 하나, (잠 29:4)

The king gives stability to the land by justice.

王藉公平, 使国堅定;

惡	人	犯	罪
악할(악)	사람(인)	범할(범)	허물(죄)

악인이 범죄하는 것은

惡	人	犯	罪

自	投	網	羅
스스로(자)	던질(투)	그물(망)	벌일(라)

스스로 올무가 되게 하는 것이다.

自	投	網	羅

악인이 범죄하는 것은 스스로 올무가 되게 하는 것이니라. (잠 29:6)

An evil man is snared by his own sin.

*snare [snɛər] n. 덫, 올가미, 올무, 함정, 유혹.

惡人犯罪, 自陷网罗;

惡	人	加	增
악할(악)	사람(인)	더할(가)	더할(증)

악인이 많아지면

惡	人	加	增

罪	孽	亦	增
허물(죄)	근심(얼)	또(역)	더할(증)

죄도 많아진다.

罪	孽	亦	增

악인이 많아지면 죄도 많아지느니라. (잠 29:16)

When the wicked increase, sin increases.

恶人加多, 过犯也加多.

若	無	黙	示
만일(약)	없을(무)	묵묵할(묵)	보일(시)

묵시가 없으면

若	無	黙	示

民	則	爲	妄
백성(민)	곧(즉)	할(위)	망령될(망)

백성이 방자히 행하거니와,

民	則	爲	妄

묵시가 없으면 백성이 방자히 행하거니와, (잠 29:18)

Where there is no vision, the people perish,

沒有黙示, 民就放肆;

謹	守	法	律
삼갈(근)	지킬(수)	법(법)	법칙(률)

법을 지키는 자는

謹	守	法	律

則	爲	有	福
곧(즉)	할(위)	있을(유)	복(복)

복이 있는 것이다.

則	爲	有	福

법을 지키는 자는 복이 있느니라. (잠 29:18)

But happy is he who keeps the law.

惟遵守律法的, 便为有福.

畏	人	過	甚
두려울(외)	사람(인)	지나칠(과)	심할(심)

사람을 두려워하면

畏	人	過	甚

必	陷	網	羅
반드시(필)	빠질(함)	그물(망)	벌일(라)

올무에 걸리게 되며,

必	陷	網	羅

사람을 두려워하면 올무에 걸리게 되거니와, (잠 29:25)

Fear of man will prove to be a snare,

惧怕人的, 陷入网罗;

惟	恃	主	者
오직(유)	믿을(시)	여호와(주)	사람(자)

必	得	護	衛
반드시(필)	얻을(득)	보호할(호)	지킬(위)

여호와를 의지하는 자는

안전을 얻을 것이다.

惟	恃	主	者

必	得	護	衛

여호와를 의지하는 자는 안전하리라. (잠 29:25)

But whoever trusts in the Lord is kept safe.

惟有倚靠耶和华的, 必得安稳.

傳	道	書
전할(전)	길(도)	글(서)

전도서

구약성서의 스물한 번째 경서인 전도서는 인생을 향한 하나님의 본질적인 도를 가르치는 경서다. 다윗의 아들이며 이스라엘의 왕인 솔로몬이라 저자를 밝히며, 삶의 허무함과 삶의 최선의 방법들을 이야기한다.

ECCLESIASTES

傳	道	者	曰
전할(전)	길(도)	사람(자)	말씀(왈)

전도자가 이르되,

傳	道	者	曰

虛	中	之	虛
빌(허)	가운데(중)	~의(지)	빌(허)

헛되고 헛되며,

虛	中	之	虛

전도자가 이르되 헛되고 헛되며, (전 1:2)

Vanity of vanities, says the preacher,

*van·i·ty [vǽnəti] n. 헛됨, 덧없음, 무상함, 허무, 공허, 무익.   *préach·er n. 설교자, 전도사, 목사, 훈계자.

传道者说, 虚空的虚空,

虛	中	之	虛
빌(허)	가운데(중)	~의(지)	빌(허)

헛되고 헛되니,

虛	中	之	虛

皆	屬	於	虛
다(개)	무리(속)	~에(어)	빌(허)

모든 것이 헛되다.

皆	屬	於	虛

헛되고 헛되니 모든 것이 헛되도다. (전 1:2)

Vanity of vanities, all is vanity.

虛空的虛空, 凡事都是虛空.

勞	碌	操	作
일할(로)	자갈땅(록)	잡을(조)	지을(작)

수고하는 모든 수고가

勞	碌	操	作

何	益	之	有
무엇(하)	더할(익)	갈(지)	있을(유)

무엇이 유익한가?

何	益	之	有

수고하는 모든 수고가 무엇이 유익한가. (전 1:3)

What advantage does man have in all his work?

人一切的勞碌, 有什么益处呢?

一	代	逝	來
한(일)	세대(대)	갈(서)	올(래)

大	地	永	存
큰(대)	땅(지)	길(영)	있을(존)

한 세대는 가고 오지만,　　　　**땅은 영원히 있다.**

一	代	逝	來

大	地	永	存

한 세대는 가고 한 세대는 오되 땅은 영원히 있도다. (전 1:4)

*代(대): 대신하다, 세대, 일생, 교체하다, 대리, 계승, 번갈아.

A generation goes and a generation comes, but the earth remains forever.

一代过去, 一代又来, 地却永远长存.

日	出	日	入
해(일)	날(출)	해(일)	들(입)

해는 뜨고 지되,

趨	歸	其	所
달릴(추)	돌아갈(귀)	그(기)	곳(소)

(그) 떴던 곳으로 빨리 돌아간다.

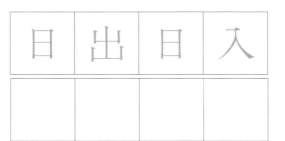

日	出	日	入

趨	歸	其	所

해는 뜨고 지되 (그) 떴던 곳으로 빨리 돌아가는구나. (전 1:5)

*復(복, 부): 돌아가다, 돌아오다, 돌려보내다, 다시(부), 거듭하다(부).

The sun rises and the sun sets, and hastening to its place it rises there again.

日头出来, 日头落下, 急归所出之地.

風	往	南	行
바람(풍)	갈(왕)	남녘(남)	행할(행)

바람은 남으로 불다가

復	轉	於	北
다시(부)	돌(전)	~에(어)	북녘(북)

북으로 돌아가며,

風	往	南	行

復	轉	於	北

바람은 남으로 불다가 북으로 돌아가며, (전 1:6)

Blowing toward the south, then turning toward the north,

风往南刮, 又向北转,

旋	轉	而	行
돌(선)	돌(전)	그리고(이)	갈(행)

復	又	旋	轉
다시(부)	또(우)	돌(선)	돌(전)

돌고 돌아,

불던 곳으로 돌아간다.

돌고 돌아 불던 곳으로 돌아가는구나. (전 1:6)

(The wind) continues swirling along, and on its circular courses the wind returns.

*swirl [swəːrl] vi. 소용돌이치다, 소용돌이에 휩쓸리다.

不住的旋转, 而且返回转行原道.

諸	河	流	海
모두(제)	물(하)	흐를(류)	바다(해)

모든 강물은 다 바다로 흐르되,

諸	河	流	海

海	不	滿	溢
바다(해)	아닐(불)	찰(만)	넘칠(일)

바다를 채우지 못한다.

海	不	滿	溢

모든 강물은 다 바다로 흐르되 바다를 채우지 못하네. (전 1:7)

Rivers run into the sea, but the sea is never full.

江河都往海里流, 海却不满;

河	往	何	流
물(하)	갈(왕)	어디(하)	흐를(류)

流	而	復	流
흐를(류)	말이을(이)	다시(부)	흐를(류)

강물은 어느 곳으로 흐르든지　　　　　　**연하여 흐르는 것이다.**

河	往	何	流

流	而	復	流

강물은 어느 곳으로 흐르든지 그리로 연하여 흐르느니라. (전 1:7)

Then the water returns again to the rivers and flows out again to the sea.

江河从何处流, 仍归何处.

已	有	之	事
이미(이)	있을(유)	~의(지)	일(사)

이미 있던 것이

已	有	之	事

後	必	復	有
뒤(후)	반드시(필)	다시(부)	있을(유)

후에 다시 있겠고,

後	必	復	有

이미 있던 것이 후에 다시 있겠고, (전 1:9)

That which has been is that which will be,

已有的事, 后必再有;

已	成	之	事
이미(이)	이룰(성)	~의(지)	일(사)

後	必	復	成
뒤(후)	반드시(필)	다시(부)	이룰(성)

이미 한 일을

후에 다시 하게 된다.

已	成	之	事

後	必	復	成

이미 한 일을 후에 다시 할지라. (전 1:9)

And that which has been done is that which will be done.

已行的事, 后必再行.

蓋	智	慧	多
대개(개)	지혜(지)	지혜(혜)	많을(다)

지혜가 많으면

煩	惱	亦	多
괴로울(번)	번뇌할(뇌)	또(역)	많을(다)

번뇌도 많으니,

蓋	智	慧	多

煩	惱	亦	多

지혜가 많으면 번뇌도 많으니, (전 1:18)

For in much wisdom is much vexation,

因为多有智慧, 就多有愁烦;

知	識	增	多
알(지)	알(식)	더할(증)	많을(다)

憂	愁	亦	增
근심(우)	근심(수)	또(역)	더할(증)

지식을 더하는 자는

근심을 더하는 것이다.

知	識	增	多

憂	愁	亦	增

지식을 더하는 자는 근심을 더하느니라. (전 1:18)

And he who increases knowledge increases sorrow.

加增知识的, 就加增忧伤.

我	心	中	曰
나(아)	마음(심)	가운데(중)	말씀(왈)

나는 내 마음에 이르기를,

我	心	中	曰

試	宴	樂	爾
시험할(시)	잔치(연)	즐길(락)	너(이)

시험 삼아 너를 즐겁게 할 것이니,

試	宴	樂	爾

나는 내 마음에 이르기를 시험 삼아 너를 즐겁게 하리니, (전 2:1)

I said to myself, come now, I will test you with pleasure,

我心里说:「我以喜乐试试你,

好	享	安	逸
좋을(호)	누릴(향)	편안(안)	편안할(일)

(너는) 낙을 누리라 하였으나,

好	享	安	逸

此	屬	於	虛
이(차)	맡길(속)	~에(어)	빌(허)

보라, 이것도 헛된 것이다.

此	屬	於	虛

(너는) 낙을 누리라 하였으나 보라 이것도 헛되도다. (전 2:1)

So enjoy yourself. and behold, it too was futility.

*futility [fju:tíləti] n. 쓸데없음, 무익함, 하찮은 것, 경망한 언동.

你好享福!」谁知道, 这也是虛空.

建	造	屋	宇
세울(건)	지을(조)	집(옥)	집(우)

집들을 짓고

建	造	屋	宇

栽	種	葡	萄
심을(재)	씨(종)	포도(포)	포도(도)

포도를 심었다.

栽	種	葡	萄

집들을 짓고 포도를 심었구나 (전 2:4)

I built houses and planted vineyards.

建造房屋, 栽种葡萄园,

掘	造	池	沼
팔(굴)	만들(조)	못(지)	늪(소)

以	灌	林	樹
써(이)	물댈(관)	수풀(림)	나무(수)

못을 파서 만드는 것은

수목을 기르는 삼림에 물을 대기 위해서다.

掘	造	池	沼

以	灌	林	樹

수목을 기르는 삼림에 물을 주기 위하여 못을 팠도다. (전 2:6)

I made reservoirs to water groves of flourishing trees.

*reservoir [rézərvwà:r, -vwɔ́:r] n. 저장소, 저수지, 급수소.

挖造水池, 用以浇灌嫩小的树木.

積	貯	金	銀
쌓을(적)	쌓을(저)	황금(금)	은(은)

소유한 은과 금은

列	王	諸	寶
여러(열)	임금(왕)	모든(제)	보배(보)

왕들의 보배이니,

積	貯	金	銀

列	王	諸	寶

소유한 은과 금은 왕들의 보내이니, (전 2:8)

I amassed silver and gold, and the treasure of kings,

我又为自己积蓄金银, 和君王的财宝,

各	城	積	寶
여러(각)	성(성)	쌓을(적)	보배(보)

여러 지방에 보배를 쌓고,

與	多	妃	嬪
함께(여)	많을(다)	왕비(비)	아내(빈)

또 처첩들을 많이 거느렸다.

各	城	積	寶

與	多	妃	嬪

여러 지방의 보배를 쌓고 또 처첩들을 많이 두었노라. (전 2:8)

And the treasure of provinces, and a harem of man.

*harem [héərəm/háːriːm] n. 후궁의 처첩들

并各省的财宝; 并许多的妃嫔.

我	眼	所	求
나(아)	눈(안)	것(소)	구할(구)

我	不	禁	之
나(아)	아닐(불)	금할(금)	그것(지)

내 눈이 원하는 것을

내가 금하지 않았다.

我	眼	所	求

我	不	禁	之

내 눈이 원하는 것을 내가 금하지 아니하며, (전 2:10)

*欲(욕): 하고자 하다, 욕심, 원하다, 바라다, 하기 시작하다.

And whatsoever mine eyes desired I kept not from them,

凡我眼所求的, 我没有留下不给他的;

我	心	所	樂
나(아)	마음(심)	것(소)	즐거울(락)

내 마음이 즐거워하는 것을

不	禁	我	心
아닐(불)	금할(금)	나(아)	마음(심)

내가 막지 않았으니,

我	心	所	樂

不	禁	我	心

내 마음이 즐거워하는 것을 내가 막지 아니하였으니, (전 2:10)

I withheld not my heart from any joy,

我心所乐的, 我没有禁止不享受的;

我	之	勞	事
나(아)	~의(지)	일할(로)	일(사)

나의 모든 수고를

我	之	勞	事

我	心	享	樂
나(아)	마음(심)	누릴(향)	즐길(락)

내 마음이 즐거워했기 때문이다.

我	心	享	樂

나의 모든 수고를 내 마음이 즐거워하였음이라. (전 2:10)

For my heart rejoiced in all my labour.

因我的心为我一切所劳碌的快乐,

我	見	智	慧
나(아)	볼(견)	지혜(지)	지혜(혜)

내가 보기에 지혜가

勝	於	愚	昧
나을(승)	~에(어)	어리석을(우)	어리석을(매)

어리석음보다 나은 것은,

我	見	智	慧

勝	於	愚	昧

내가 보기에 지혜가 어리석음보다 나은 것은, (전 2:13)
*勝(승): 이기다, 낫다, 뛰어나다, 이기다, 승리하다.

I saw that wisdom is better than folly,

我便看出智慧胜过愚昧,

如	同	光	明
같을(여)	함께(동)	빛(광)	밝을(명)

빛이 동일하게

勝	於	幽	暗
뛰어날(승)	~보다(어)	그윽할(유)	어두울(암)

어두움보다 뛰어나기 때문이다.

빛이 어두움보다 뛰어남 같도다. (전 2:13)

*勝(승): 이기다, 뛰어나다, 낫다, 이기다, 승리하다.　　*於(어): 에, 보다, 에서, 를, 에게, 있어서.

Just as light is better than darkness.

如同光明胜过黑暗.

日	下	勞	心
해(일)	아래(하)	노력할(로)	마음(심)

이 세상에서 애쓰고 수고하여

日	下	勞	心

有	何	所	得
있을(유)	어찌(하)	바(소)	얻을(득)

얻는 것이 무엇인가?

有	何	所	得

이 세상에서 애쓰고 수고하여 얻는 것이 무엇인가. (전 2:22)

You work and worry your way through life, and what do you have to show for it?

人在日光之下劳碌累心, 在他一切的劳碌人得着什么呢?

平	生	憂	愁
평평할(평)	살(생)	근심(우)	근심(수)

평생 근심하여도

諸	事	煩	惱
모든(제)	일(사)	번거로울(번)	괴로울(뇌)

모든 일은 괴로움뿐이다.

平	生	憂	愁

諸	事	煩	惱

평생을 근심하여도 모든 일은 괴로움뿐이다. (전 2:23)

For all his days are sorrows, and his occupation vexation.

因为他日日忧虑, 他的劳苦成为愁烦,

夜	心	不	安
밤(야)	마음(심)	아닐(불)	편안할(안)

그 마음이 밤에도 쉬지 못하니,

夜	心	不	安

此	屬	於	虛
이(차)	무리(속)	~에(어)	빌(허)

이것도 헛된 것이다.

此	屬	於	虛

그 마음이 밤에도 쉬지 못하니 이것도 헛된 것이니라. (전 2:23)

Even at night his mind does not rest, this too is meaningless.

连夜间心也不安, 这也是虚空.

天	下	諸	事
하늘(천)	아래(하)	모두(제)	일(사)

천하 만사가

皆	有	定	時
다(개)	있을(유)	정할(정)	때(시)

다 때가 있다.

天	下	諸	事

皆	有	定	時

천하 만사가 다 때가 있도다. (전 3:1)

There is a time for every event under heaven.

天下万务都有定时.

誕	生	有	時
태어날(탄)	날(생)	있을(유)	때(시)

날 때가 있고

死	亡	有	時
죽을(사)	망할(망)	있을(유)	때(시)

죽을 때가 있으며,

誕	生	有	時

死	亡	有	時

날 때가 있고 죽을 때가 있으며, (전 3:2)

A time to give birth and a time to die,

生有时, 死有时;

栽	種	有	時
심을(재)	씨(종)	있을(유)	때(시)

심을 때가 있고

栽	種	有	時

拔	出	有	時
뽑을(발)	날(출)	있을(유)	때(시)

뽑을 때가 있으며,

拔	出	有	時

심을 때가 있고 심은 것을 뽑을 때가 있으며, (전 3:2)

A time to plant and a time to uproot what is planted,

栽种有时, 拔出所栽种的, 也有时;

殺	戮	有	時
죽일(살)	죽일(륙)	있을(유)	때(시)

죽일 때가 있고

醫	治	有	時
치료할(의)	다스릴(치)	있을(유)	때(시)

치료할 때가 있으며,

죽일 때가 있고 치료할 때가 있으며, (전 3:3)

*醫(의): 의원, 의술, 치료하다, 구하다.

A time to kill and a time to heal,

殺戮有时, 医治有时;

折	毁	有	時
꺾을(절)	헐(훼)	있을(유)	때(시)

헐 때가 있고

建	造	有	時
세울(건)	지을(조)	있을(유)	때(시)

세울 때가 있으며,

折	毁	有	時

建	造	有	時

헐 때가 있고 세울 때가 있으며, (전 3:3)

A time to tear down and a time to build up.

拆毁有时, 建造有时;

泣	哭	有	時
울(읍)	울(곡)	있을(유)	때(시)

울 때가 있고

泣	哭	有	時

喜	笑	有	時
기쁠(희)	웃을(소)	있을(유)	때(시)

웃을 때가 있으며,

喜	笑	有	時

울 때가 있고 웃을 때가 있으며, (전 3:4)

A time to weep and a time to laugh,

哭有时, 笑有时;

哀	慟	有	時
슬플(애)	서러워할(통)	있을(유)	때(시)

슬퍼할 때가 있고

跳	舞	有	時
뛸(도)	춤출(무)	있을(유)	때(시)

춤출 때가 있으며,

哀	慟	有	時

跳	舞	有	時

슬퍼할 때가 있고 춤출 때가 있으며, (전 3:4)

A time to mourn and a time to dance.

哀恸有时, 跳舞有时;

擲	石	有	時
던질(척)	돌(석)	있을(유)	때(시)

돌을 던져 버릴 때가 있고

擲	石	有	時

斂	石	有	時
거둘(렴)	돌(석)	있을(유)	때(시)

돌을 거둘 때가 있으며,

斂	石	有	時

돌을 던져 버릴 때가 있고, 거둘 때가 있으며, (전 3:5)

A time to throw stones and a time to gather stones,

抛掷石头有时, 堆聚石头有时;

尋	找	有	時
찾을(심)	채울(조)	있을(유)	때(시)

찾을 때가 있고

尋	找	有	時

失	落	有	時
잃을(실)	떨어질(락)	있을(유)	때(시)

잃을 때가 있으며,

失	落	有	時

찾을 때가 있고 잃을 때가 있으며, (전 3:6)

A time to search and a time to give up as lost,

尋梢有时, 失落有时.

保	守	有	時
지킬(보)	지킬(수)	있을(유)	때(시)

지킬 때가 있고

保	守	有	時

捨	棄	有	時
버릴(사)	버릴(기)	있을(유)	때(시)

버릴 때가 있으며,

捨	棄	有	時

지킬 때가 있고 버릴 때가 있으며, (전 3:6)

A time to keep and a time to throw away,

保守有时, 舍弃有时;

撕	裂	有	時
찢을(시)	찢을(렬)	있을(유)	때(시)

찢을 때가 있고

縫	補	有	時
꿰맬(봉)	기울(보)	있을(유)	때(시)

꿰맬 때가 있으며,

찢을 때가 있고 꿰맬 때가 있으며, (전 3:7)

*撕(시, 서): 찢다(시), 쪼개다(시), 훈계하다(서), 훈계하다(서).

A time to tear apart and a time to sew together,

撕裂有时, 缝补有时;

靜	默	有	時
고요할(정)	잠잠할(묵)	있을(유)	때(시)

잠잠할 때가 있고

靜	默	有	時

言	語	有	時
말씀(언)	말씀(어)	있을(유)	때(시)

말할 때가 있으며,

言	語	有	時

잠잠할 때가 있고 말할 때가 있으며, (전 3:7)

A time to be silent and a time to speak.

静默有时, 言语有时;

喜	愛	有	時
기쁠(희)	사랑(애)	있을(유)	때(시)

사랑할 때가 있고

喜	愛	有	時

恨	惡	有	時
한(한)	미워할(오)	있을(유)	때(시)

미워할 때가 있으며,

恨	惡	有	時

사랑할 때가 있고 미워할 때가 있으며, (전 3:8)

A time to love and a time to hate,

喜爱有时, 恨恶有时;

爭	戰	有	時
다툴(쟁)	싸울(전)	있을(유)	때(시)

전쟁할 때가 있고

和	好	有	時
화할(화)	좋을(호)	있을(유)	때(시)

평화할 때가 있는 것이다.

爭	戰	有	時

和	好	有	時

전쟁할 때가 있고 평화할 때가 있느니라. (전 3:8)

A time for war and a time for peace.

争战有时, 和好有时.

今	時	所	有
이제(금)	때(시)	바(소)	있을(유)

昔	已	有	之
예(석)	이미(이)	있을(유)	그것(지)

지금 있는 것이

옛적에 있었고,

今	時	所	有

昔	已	有	之

지금 있는 것이 옛적에 있었고, (전 3:15)

That which is has been already,

現今的事早先就有了,

將	來	所	有
장수(장)	올(래)	바(소)	있을(유)

장래에 있을 것도

前	已	有	之
앞(전)	이미(이)	있을(유)	그것(지)

옛적에 있었다.

將	來	所	有

前	已	有	之

장래에 있을 것도 옛적에 있었더라. (전 3:15)

That which will be has already been.

经来的事早已也有了,

皆	出	於	土
다(개)	날(출)	~에서(어)	흙(토)

모든 것이 흙에서 났으므로

皆	歸	於	土
다(개)	돌아갈(귀)	~에(어)	흙(토)

흙으로 돌아간다.

 ————————

모든 것이 흙에서 났으므로 흙으로 돌아가니라. (전 3:20)

All came from the dust and all return to the dust.

都是出于尘土, 也都归于尘土.

若	傾	失	足
만일(약)	넘어질(경)	잃을(실)	족할(족)

互	相	扶	持
서로(호)	서로(상)	도울(부)	도울(지)

혹시 (그들이) **넘어지면**

(하나가 그 동무를) **붙들어 일으킬 것이다.**

若	傾	失	足

互	相	扶	持

혹시 (그들이)넘어지면 (하나가 그 동무를) 붙들어 일으킬 것이라. (전 4:10)

*持(지): 가지다. 돕다, 지니다, 받쳐주다, 의지하다.

For if either of them falls, the one will lift up his companion.

若是跌倒, 这人可以扶起他的同伴;

二	人	同	寢
두(이)	사람(인)	한가지(동)	잘(침)

두 사람이 함께 누우면

則	可	得	煖
곧(즉)	옳을(가)	얻을(득)	따뜻할(난)

따뜻하거니와,

二	人	同	寢

則	可	得	煖

두 사람이 함께 누우면 따뜻하거니와, (전 4:11)

If two lie down together they keep warm,

再者, 二人同睡, 就都暖和,

一	人	獨	寢
한(일)	사람(인)	홀로(독)	잘(침)

한 사람이 누우면

何	以	得	煖
어찌(하)	써(이)	얻을(득)	따듯할(난)

어찌 따뜻하겠는가.

一	人	獨	寢

何	以	得	煖

한 사람이 누우면 어찌 따뜻하랴. (전 4:11)

But how can one be warm alone.

一人独睡, 怎能暖和呢?

遭	遇	患	難
만날(조)	만날(우)	근심(환)	어려울(난)

환난을 만나면

货	財	俱	失
재물(자)	재물(재)	함께(구)	잃을(실)

재물을 함께 잃게 되며,

遭	遇	患	難

货	財	俱	失

환난을 만나면 재물을 함께 잃게 되나니, (전 5:14)

When those riches were lost through a evil travail,

因遭遇祸患, 这些赀财就消灭;

雖	有	生	子
비록(수)	있을(유)	날(생)	아들(자)

비록 아들은 낳았으나

毫	無	所	有
터럭(호)	없을(무)	바(소)	있을(유)

그 손에 아무것도 없다.

雖	有	生	子

毫	無	所	有

비록 아들은 낳았으나 그 손에 아무것도 없느니라. (전 5:14)

And he had fathered a son, and there is nothing in his hand.

那人若生了儿子, 手里也一无所有.

往	喪	之	家
갈(왕)	초상(상)	~의(지)	집(가)

愈	於	宴	家
나을(유)	~보다(어)	잔치(연)	집(가)

초상집에 가는 것이　　　　　　**잔칫집에 가는 것보다 낫다.**

往	喪	之	家

愈	於	宴	家

초상집에 가는 것이 잔칫집에 가는 것보다 나으니라. (전 7:2)

It is better to go to a house of mourning than to go to a house of feasting.

往遭丧的家去, 强如往宴乐的家去;

智	者	之	心
지혜(지)	사람(자)	~의(지)	마음(심)

지혜자의 마음은

在	喪	之	家
있을(재)	초상(상)	~의(지)	집(가)

초상집에 있고,

智	者	之	心

在	喪	之	家

지혜자의 마음은 초상집에 있으되, (전 7:4)

*之(지): 어조사, ~의, ~에, 이에, ~에 있어서, ~와, ~과, 그리고, 가다, 이르다, 쓰다, 사용하다.

The mind of the wise is in the house of mourning,

智慧人的心, 在遭喪之家;

愚	者	之	心
우매(우)	사람(자)	~의(지)	마음(심)

在	宴	之	家
있을(재)	잔치(연)	~의(지)	집(가)

우매한 자의 마음은　　　　　　　　**혼인집에 있다.**

愚	者	之	心

在	宴	之	家

우매한 자의 마음은 혼인집에 있느니라. (전 7:4)

While the mind of fools is in the house of pleasure.

愚昧人的心, 在快乐之家.

誰	有	智	慧
누구(수)	있을(여)	지혜(지)	지혜(혜)

어떤 사람이 지혜가 있는 사람이며

誰	知	理	致
누구(수)	알(지)	사리(리)	이를(치)

(사물의) 이치를 아는 사람이 누구인가?

誰	有	智	慧

誰	知	理	致

어떤 사람이 지혜가 있는 사람이며 (사물의) 이치를 아는 사람이 누구인가?(전 8:1)

*道(도): 길, 이치, 도리, 재주, 방법, 기능, 사상, 교설, 제도.

Who is like the wise man? Who knows the explanation of things?

谁如智慧人呢? 谁知道事情的解释呢?

人	之	智	慧
사람(이)	~의(지)	지혜(지)	지혜(혜)

사람의 지혜는

人	之	智	慧

面	有	光	輝
낯(면)	있을(유)	빛(광)	빛날(휘)

(그의) 얼굴에 광채가 나게 하니라

面	有	光	輝

사람의 지혜는 그의 얼굴에 광채가 나게 하니라(전 8:1)

Wisdom brightens a man's face.

人的智慧使他的臉發光,

我	而	勸	言
나(아)	말이을(이)	권할(권)	말씀(언)

내가 권하노라

當	守	王	命
마땅(당)	지킬(수)	임금(왕)	목숨(명)

왕의 명령을 지키라

我	而	勸	言

當	守	王	命

내가 권하노라 왕의 명령을 지키라 (전 8:2)

I counsel you to keep the king's commandment,

我劝你遵守王的命令;

指	主	而	誓
가리킬(지)	여호와(주)	말이을(이)	맹세할(서)

하나님을 가리켜 맹세였으니,

指	主	而	誓

理	當	如	此
이치(리)	마땅(당)	같을(여)	이(차)

이는 마땅함이다.

理	當	如	此

이미 하나님을 가리켜 맹세하였음이니라. (전 8:2)

*理(리): 다스리다, 이치, 도리, 수선하다, 깨닫다, 학문.

And that for the sake of your oath to God.

既指神起誓, 理当如此.

勿	急	躁	退
말(물)	급할(급)	조급할(조)	물러날(퇴)

급하게 물러나오지 말라.

勿	急	躁	退

王	之	面	前
임금(왕)	~의(지)	낯(면)	앞(전)

왕의 면전에서는

王	之	面	前

왕 앞에서 물러가기를 급하게 하지 말라. (전 8:3)

Do not be in a hurry to leave the king's presence.

不要急躁离开王的面前,

命	雖	難	行
명령(명)	비록(수)	어려울(난)	행할(행)

비록 명령을 행하기 어렵더라도

命	雖	難	行

從	之	勿	緩
따를(종)	그것(지)	말(물)	느릴(완)

지연시키지 말라.

從	之	勿	緩

비록 명령을 행하기에 어렵더라도 지연시키지 말라. (전 8:3)

*命(명): 목숨, 명령, 분부, 규정, 하늘의 뜻, 도, 자연, 가르치다, 이름을 붙이다.   *之(지): 가다, 이르다, 이(=是), ~의, ~가, ~에, ~와, ~과, ~을, 그리고, 만일.

Do not delay when the matter is unpleasant,

王的命難行 不要固執行緩.

遵	守	命	者
쫓을(준)	지킬(수)	명령(명)	사람(자)

不	至	受	禍
아닐(부)	이를(지)	받을(수)	재앙(화)

명령을 지키는 자는　　　　　**불행을 알지 못하리라**

遵	守	命	者

不	至	受	禍

명령을 지키는 자는 불행을 알지 못하리라. (전 8:5)

Whoever obeys his command will come to no harm,

凡遵守命令的, 必不经历祸患;

智	人	之	心
지혜(지)	사람(인)	~의(지)	마음(심)

지혜자의 마음은

智	人	之	心

知	有	時	勢
알(지)	있을(유)	때(시)	형세(세)

때와 판단을 분변하나니

知	有	時	勢

지혜자의 마음은 때와 판단을 분변하나니(전 8:5)

And the wise heart will know the proper time and procedure.

智慧人的心, 能辨明时候和定理.

未	來	之	事
아닐(미)	올(래)	~의(지)	일(사)

사람이 장래 일을

未	來	之	事

人	不	能	知
사람(인)	아니(불)	능할(능)	알(지)

알지 못하니라.

人	不	能	知

사람이 장래 일을 알지 못하니라. (전 8:7)

Since no man knows the future,

他不知道将来的事,

將	來	之	事
장차(장)	올(래)	~의(지)	일(사)

장래 일을

將	來	之	事

孰	能	豫	告
누구(숙)	능할(능)	미리(예)	알릴(고)

가르칠 자가 누구일까?

孰	能	豫	告

📖 ————————————

장래 일을 가르칠 자가 누구이랴. (전 8:7)

Who can tell him what is to come?

因为将来如何, 谁能告诉他呢?

智	者	之	口
지혜(지)	사람(자)	~의(지)	입(구)

지혜자의 입은

出	言	文	雅
날(출)	말씀(언)	글(문)	우아(아)

하는 말과 글이 우아하여도

智	者	之	口

出	言	文	雅

지혜자의 입은 하는 말과 글이 우아하여도, (전 10:12)

The words of a wise man´s mouth are gracious,

*惟(유): 생각하다, 오직, 이(어조사), ~으로써, ~와.

智慧人的口, 说出恩言;

愚	者	之	脣
우매(우)	사람(자)	~의(지)	입술(순)

呑	滅	自	己
삼킬(탄)	멸할(멸)	자기(자)	자기(기)

우매자의 입술은

자기를 해하는 혀다.

愚	者	之	脣

呑	滅	自	己

우매자의 입술은 자기를 삼키나니라. (전 10:12)

But the lips of a fool will swallow up himself.

愚昧人的嘴, 呑灭自己.

俟	風	息	者
기다릴(사)	바람(풍)	쉴(식)	사람(자)

바람이 그치기를 기다리는 자는

俟	風	息	者

必	不	播	種
반드시(필)	아닐(불)	뿌릴(파)	씨(종)

씨를 뿌리지 못하며,

必	不	播	種

바람이 그치기를 기다리는 자는, 씨를 뿌리지 못하며, (전 11:4)

He who watches the wind will not sow,

看风的, 必不撒种;

望	雲	散	者
바랄(망)	구름(운)	흩을(산)	사람(자)

구름이 걷히기를 기다리는 자는

望	雲	散	者

必	不	刈	穫
반드시(필)	아닐(불)	벨(예)	거둘(확)

거두어들이지 못할 것이다.

必	不	刈	穫

구름이 걷히기를 기다리는 자는, 거두어들이지 못하리라. (전 11:4)

He who looks at the clouds will not reap.

望云的, 必不收割.

眼	見	日	光
눈(안)	볼(견)	해(일)	빛(광)

해를 쳐다보는 것은

眼	見	日	光

甚	爲	可	悅
심할(심)	할(위)	옳을(가)	기쁠(열)

즐거운 일이다.

甚	爲	可	悅

 ——

해를 쳐다보는 것은 즐거운 일이로다. (전 11:7)

It pleases the eyes to see the sun.

眼见日光也是可悦的.

人	活	多	年
사람(인)	살(활)	많을(다)	해(년)

사람이 여러 해를 살려면

人	活	多	年

悉	當	喜	樂
다(실)	마땅(당)	기쁠(희)	즐길(락)

항상 즐거워해야 한다.

悉	當	喜	樂

사람이 여러 해를 살려면 항상 즐거워할지로다. (전 11:8)

Indeed, if a man should live many years, let him rejoice in them all.

人活多年, 就当快乐多年

雅	歌
우아할(아)	노래(가)

아가

구약성서의 스물두 번째 경서. 아가서는 솔로몬이 술람미 여인에게 보낸 사랑의 편지다. 남녀간의 사랑을 아름답게 표현하는 데 그치지 않고, 하나님과 백성 사이에 사랑의 관계를 표현한 풍유적인 사랑의 시라 할 수 있다.
SONG OF SONGS

所	羅	門	之
바(소)	그물(라)	문(문)	~의(지)

솔로몬의

歌	中	歌	也
노래(가)	가운데(중)	노래(가)	도다(야)

아가(雅歌)**다.**

所	羅	門	之

歌	中	歌	也

솔로몬의 아가라. (아 1:1)

Solomon's song of songs.

所罗门的歌, 是歌中的雅歌.

願	我	接	吻
원할(원)	나(아)	접할(접)	입술(문)

나는 입 맞추기를 원하니,

願	我	接	吻

爾	之	愛	情
너(이)	~의(지)	사랑(애)	정(정)

네 사랑의 정성으로

爾	之	愛	情

나는 입 맞추기를 원하니 네 사랑의 정성으로, (아 1:2)

Oh, how I wish you would kiss me passionately.

愿他用口与我亲嘴; 因你的爱情

爾	之	寶	膏
너(이)	~의(지)	보배(보)	기름(고)

너의 보배로운 기름이

馨	香	甚	美
향기(형)	향기(향)	심할(심)	아름다울(미)

향기로와 아름답다.

爾	之	寶	膏

馨	香	甚	美

너의 보배로운 기름이 향기로와 아름답구나. (아 1:3)

Your oils have a pleasing fragrance.

你的膏油馨香;

耶	路	撒	冷
예수(야)	길(로)	뿌릴(살)	찰(랭)

예루살렘의

耶	路	撒	冷

衆	女	子	乎
무리(중)	딸(녀)	자식(자)	야(호)

딸들아,

衆	女	子	乎

예루살렘 딸들아, (아 1:5)

O daughters of Jerusalem.

耶路撒冷的众女子阿.

我	雖	黧	黑
나(아)	비록(수)	검을(려)	검을(흑)

내가 비록 검으나,

我	雖	黧	黑

而	仍	秀	美
그러나(이)	인할(잉)	빼어날(수)	아름다울(미)

빼어나게 아름다우니,

而	仍	秀	美

내가 비록 검으나 빼어나게 아름다우니, (아 1:5)

*而(이): 말을 잇다, 같다, ~에, 그리고, 그러나, 그런데.

I am black but lovely.

我虽然黑, 却是秀美.

我	受	日	暴
나(아)	받을(수)	해(일)	쪼일(폭)

내가 햇볕에 쬐어서

色	雖	微	黑
빛(색)	비록(수)	작을(미)	검을(흑)

거무스름할지라도,

我	受	日	暴

色	雖	微	黑

내가 햇볕에 쬐어서 거무스름할지라도, (아 1:6)

I am swarthy, for the sun has burned me,

*swarthy [swɔ́ːrəi, -θi] a. 피부가 거무스레한, 가무잡잡한.

不要因日头把我晒黑了

毋	藐	視	我
말(무)	업신여길(묘)	볼(시)	나(아)

흘겨보지 말 것은

毋	藐	視	我

母	子	怒	我
어머니(모)	아들(자)	성낼(로)	나(아)

어머니의 아들이 나에게 노하여,

母	子	怒	我

흘겨보지 말 것은 어머니의 아들이 나에게 노하여, (아 1:6)

Do not stare at me, my mother's sons were angry with me,

*stare [stɛər] vt. 응시하다, 흘겨보다, 빤히 보다, 노려보다.

就轻看我. 我同母的弟兄向我发怒,

在	葡	萄	園
있을(재)	포도(포)	포도(도)	동산(원)

(그들이) 포도원에서

使	我	守	之
부릴(사)	나(아)	지킬(수)	그것(지)

나를 포도원지기로 삼았구나.

在	葡	萄	園

使	我	守	之

(그들이) 포도원에서 나를 포도원지기로 삼았구나. (아 1:6)

They made me caretaker of the rineyards.

*ne·glect [niglékt] vt. 방치하다, 그대로 두다, 소홀히 하다.

他们使我看守葡萄园.

我	之	佳	耦
나(아)	~의(지)	예쁠(가)	짝(우)

내 사랑아,

爾	甚	美	麗
너(이)	심할(심)	아름다울(미)	고울(려)

너는 어여쁘고 어여쁘다.

我	之	佳	耦

爾	甚	美	麗

내 사랑아 너는 어여쁘고 어여쁘다. (아 1:15)

How beautiful you are, my darling, how beautiful you are.

我的佳偶, 你甚美丽!

爾	甚	美	麗
너(이)	심할(심)	아름다울(미)	고울(려)

爾	眼	如	鴿
너(이)	눈(안)	같을(여)	비둘기(합)

너는 어여쁘고 어여쁘다,

네 눈이 비둘기 같구나.

너는 어여쁘고 어여쁘다 네 눈이 비둘기 같구나. (아 1:15)

How beautiful you are, your eyes are like doves.

你甚美丽! 你的眼好像鸽子眼.

沙	崙	薔	薇
모래(사)	산이름(륜)	장미(장)	장미(미)

(나는) 사론의 장미,

沙	崙	薔	薇

谷	中	百	合
골(곡)	가운데(중)	일백(백)	합할(합)

골짜기의 백합화구나.

谷	中	百	合

(나는) 사론 장미요, 골짜기의 백합화로구나. (아 2:1)

The rose of Sharon, the lily of the valleys.

我是沙崙的玫瑰花, 是谷中的百合花.

我	之	佳	耦
나(아)	~의(지)	아름다울(가)	짝(우)

在	衆	女	中
있을(재)	무리(중)	여자(여)	가운데(중)

나의 사랑하는 사람은　　　　　　　　**다른 여자들 중에,**

我	之	佳	耦

在	衆	女	中

나의 사랑하는 사람은 다른 여자들 중에, (아 2:2)

My darling among the maidens,

我的佳偶在女子中,

在	荊	棘	間
있을(재)	가시(형)	가시(극)	사이(간)

가시나무 가운데

在	荊	棘	間

如	百	合	花
같을(여)	일백(백)	합할(합)	꽃(화)

백합화 같구나.

如	百	合	花

가시나무 가운데 백합화 같구나. (아 2:2)

Like a lily among the thorns.

好像百合花在荊棘內.

我	之	良	人
나(아)	~의(지)	좋을(량)	사람(인)

나의 사랑하는 자가

我	之	良	人

言	對	我	曰
말씀(언)	대할(대)	나(아)	말씀(왈)

내게 말하여 이르기를,

言	對	我	曰

📖 ───────

나의 사랑하는 자가 내게 말하여 이르기를, (아 2:10)

My lover speaks to me,

我良人对我说:

我	之	佳	耦
나(아)	~의(지)	좋을(가)	짝(우)

나의 사랑,

我	之	佳	耦

我	之	美	人
나(아)	~의(지)	아름다울(미)	사람(인)

내 어여쁜 자야.

我	之	美	人

나의 사랑, 내 어여쁜 자야. (아 2:10)

My darling, my beautiful one,

我的佳偶, 我的美人,

求	爾	興	起
구할(구)	너(이)	일어날(흥)	일어날(기)

與	我	同	去
더불(여)	나(아)	함께(동)	갈(거)

일어나서

함께 가자.

求	爾	興	起

與	我	同	去

일어나서 함께 가자. (아 2:10)

Arise, and come with me.

起来, 与我同去!

冬	天	已	逝
겨울(동)	하늘(천)	이미(이)	갈(서)

겨울도 지나고,

雨	已	止	了
비(우)	이미(이)	멎을(지)	마칠(료)

비도 그쳤고,

冬	天	已	逝

雨	已	止	了

겨울도 지나고 비도 그쳤고, (아 2:11)

For behold, the winter is past, the rain is over and gone,

因为冬天已往, 雨水止住过去了.

地	上	開	花
땅(지)	위(상)	필(개)	꽃(화)

鳥	鳴	之	時
새(조)	울(명)	~의(지)	때(시)

지면에는 꽃이 피고,

새가 노래할 때인데,

地	上	開	花

鳥	鳴	之	時

지면에는 꽃이 피고 새가 노래할 때인데, (아 2:12)

The flowers appear on the earth, the time of the singing of birds is come,

地上百花开放. 百鸟鸣叫的时候已经来到;

鳩	之	音	聲
비둘기(구)	~의(지)	소리(음)	소리(성)

비둘기의 소리가

鳩	之	音	聲

聞	於	我	地
들을(문)	~에(어)	우리(아)	땅(지)

우리 땅에 들리는구나.

聞	於	我	地

비둘기의 소리가 우리 땅에 들리는구나. (아 2:12)
*我(아): 나, 우리, 외고집.

And the voice of the turtle is heard in our land.
斑鸠的声音在我们境内也听见了。

無	花	果	樹
없을(무)	꽃(화)	실과(과)	나무(수)

무화과나무에는

無	花	果	樹

結	果	芬	馥
맺을(결)	실과(과)	향기(분)	향기(복)

향기로운 열매가 익었고,

結	果	芬	馥

무화과나무에는 향기로운 열매가 익었고, (아 2:13)

The fig tree forms its early fruit,

无花果树的果子渐渐成熟;

葡	萄	之	樹
포도(포)	포도(도)	~의(지)	나무(수)

포도나무는

開	花	放	馨
필(개)	꽃(화)	발할(방)	향기(형)

꽃을 피워 향기를 토하는구나.

葡	萄	之	樹

開	花	放	馨

포도나무는 꽃을 피워 향기를 토하는구나. (아 2:13)

*開(개): 열다, 열리다, (꽃이) 피다, 개척하다, 시작하다, 깨우치다, 개진하다, 출발하다

The blossoming vines spread their fragrance.

葡萄树开花放香.

我	之	佳	耦
나(아)	~의(지)	좋을(가)	짝(우)

나의 사랑,

我	之	佳	耦

我	之	美	人
나(아)	~의(지)	아름다울(미)	사람(인)

나의 어여쁜 자야.

我	之	美	人

나의 사랑, 나의 어여쁜 자야. (아 2:13)

My darling, my beautiful one.

我的佳偶, 我的美人,

求	爾	興	起
구할(구)	너(이)	일으킬(흥)	일어날(기)

일어나서

與	我	同	去
더불(여)	나(아)	함께(동)	갈(거)

함께 가자.

求	爾	興	起

與	我	同	去

일어나서 함께 가자. (아 2:13)

Arise, and come along.

起来, 与我同去!

我	在	夜	間
나(아)	있을(재)	밤(야)	사이(간)

躺	臥	寢	牀
누울(당)	누울(와)	잠잘(침)	침상(상)

내가 밤에

침상에 누워서

我	在	夜	間

躺	臥	寢	牀

 ————————

내가 밤에 침상에 누워서, (아 3:1)

*牀(상): 평상, 침상, 마루, 우물난간.

All night long on my bed.

我夜間躺臥在床上,

尋	心	之	愛
찾을(심)	마음(심)	~의(지)	사랑(애)

마음으로 사랑하는 자를 찾았지만

尋	而	不	得
찾을(심)	그러나(이)	아닐(부)	얻을(득)

찾아내지 못하였노라

마음으로 사랑하는 자를 찾았지만 찾아내지 못하였노라. (아 3:1)

I looked for the one my heart loves, (I looked for him) but did not find him.

尋梢我心所爱的; 我尋梢他, 却尋不见.

巡	城	之	卒
돌(순)	성(성)	~의(지)	군사(졸)

성 안을 순찰하는 자들에게

巡	城	之	卒

我	問	之	曰
나(아)	물을(문)	그들(지)	말씀(왈)

내가 묻기를

我	問	之	曰

📖 ───────────

성 안을 순찰하는 자들에 묻기를, (아 3:3)

The watchmen found me as they made their rounds in the city. "Have you seen the one my heart loves?"

城中巡逻看守的人遇见我. 我问他们:

我	心	所	愛
나(아)	마음(심)	바(소)	사랑(애)

내 마음에 사랑하는,

我	心	所	愛

爾	見	之	乎
너(이)	볼(견)	그(지)	어조사(호)

(그를) 너희가 보았느냐?

爾	見	之	乎

내 마음으로 사랑하는 자를 너희가 보았느냐?, (아 3:3)

Have you seen the one my heart loves?

你们看见我心所爱的没有?

耶	路	撒	冷
어조사(야)	길(로)	뿌릴(살)	찰(랭)

예루살렘

城	之	女	乎
성(성)	~의(지)	딸(여)	어조사(호)

성(城)의 딸들아,

耶	路	撒	冷

城	之	女	乎

📖 ─────────

예루살렘 성(城)의 딸들아, (아 3:5)

Daughters of Jerusalem,

耶路撒冷的众女子阿,

勿	驚	勿	醒
말(물)	놀랠(경)	말(물)	깰(성)

흔들지 말고 깨우지 말라,

勿	驚	勿	醒

我	所	愛	者
나(아)	바(소)	사랑(애)	사람(자)

나의 사랑하는 자를

我	所	愛	者

사랑하는 자가 (원하기 전에는) 흔들지 말고 깨우지 말지니라. (아 3:5)

Do not arouse or awaken love (until it so desires).

不要惊动, 不要叫醒我所亲爱的,

自	野	而	來
부터(자)	들(야)	말이을(이)	올(래)

거친 들에서 오는 (자)

自	野	而	來

狀	如	煙	柱
형상(상)	같을(여)	연기(연)	기둥(주)

연기 기둥과 같구나,

狀	如	煙	柱

연기 기둥처럼 거친 들에서 오는 (자), (아 3:6)

Coming up from the desert like a column of smoke,

那从旷野上来, 形状如烟柱,

香	如	沒	藥
향기(향)	같을(여)	빠질(몰)	약(약)

此	果	爲	誰
이(차)	과실(과)	할(위)	누구(수)

몰약 향을 풍기는 자,

그는 누구인가?

香	如	沒	藥

此	果	爲	誰

몰약의 향을 풍기는 자 그가 누구인가? (아 3:6)

Fragrant with incense and myrrh, who is it,

以没药和香粉薰的 是谁呢?

脣	如	紅	線
입술(순)	같을(여)	붉을(홍)	실(선)

口	甚	美	秀
입(구)	심할(심)	아름다울(미)	빼어날(수)

(그대의) 입술은 붉은 실 같고,

(그대의) 입은 사랑스럽구나.

(그대의) 입술은 붉은 실 같고, (그대의) 입은 사랑스럽구나. (아 4:3)

Your lips are like a scarlet ribbon, your mouth is lovely.

你的唇好像一条朱红线; 你的嘴也秀美.

腮	在	帕	內
뺨(시)	있을(재)	너울(파)	안(내)

너울 속의 네 뺨은

腮	在	帕	內

如	半	石	榴
같을(여)	절반(반)	돌(석)	석류(류)

석류 한 쪽 같구나.

如	半	石	榴

너울 속의 네 뺨은 석류 한 쪽 같구나. (아 4:3)

*帕(파): 머리띠, 너울(너울을 쓰다), 보자기, 싸다, 휘장.

Your temples behind your veil are like the halves of a pomegranate.

*pome·gran·ate [páməgrænit, pʌm–/pɔm–] n. 석류.

你的两太阳在帕子內, 如同一块石榴.

我	之	佳	耦
나(아)	~의(지)	좋을(가)	짝(우)

나의 사랑아,

我	之	佳	耦

無	疵	無	玷
없을(무)	흠(자)	없을(무)	이지러질(점)

너는 아무 흠이 없구나.

無	疵	無	玷

나의 사랑아, (너는) 아무 흠이 없구나. (아 4:7)

My darling, there is no spot in you.

我的佳偶, 毫无瑕疵!

我	之	新	婦
나(아)	~의(지)	새(신)	아내(부)

내 신부야,

我	之	新	婦

爾	奪	我	心
너(이)	빼앗을(탈)	나(아)	마음(심)

네가 내 마음을 빼앗았구나.

爾	奪	我	心

내 신부야 네가 내 마음을 빼앗았구나. (아 4:9)

You have made my heart beat faster, my bride.

我新妇, 你夺了我的心.

願	北	風	起
원할(원)	북녘(북)	바람(풍)	일어날(기)

南	風	亦	來
남녘(남)	바람(풍)	또(역)	올(래)

북풍아 일어나라,　　　　　　　　　**남풍아 오라.**

願	北	風	起

南	風	亦	來

📖 ————————————

북풍아 일어나라 남풍아 오라. (아 4:16)

Awake, O north wind, and come, wind of the south.

北风阿, 兴起! 南风阿, 吹来!

吹	於	我	園
불(취)	~에(어)	나(아)	동산(원)

나의 동산에 불어서

播	揚	馨	香
뿌릴(파)	날릴(양)	향기(형)	향기(향)

향기를 날리라.

吹	於	我	園

播	揚	馨	香

나의 동산에 불어서 향기를 날리라. (아 4:16)

Make my garden breathe out fragrance.

吹在我的园内, 使其中的香气发出来.

食	我	蜂	蜜
먹을(식)	나(아)	벌(봉)	꿀(밀)

나의 꿀 송이를 먹었고,

食	我	蜂	蜜

飮	我	酒	乳
마실(음)	나(아)	술(주)	젖(유)

내 포도주와 내 우유를 마셨구나.

飮	我	酒	乳

나의 꿀 송이를 먹었고 내 포도주와 내 우유를 마셨구나. (아 5:1)

I have eaten my honeycomb and my honey, I have drunk my wine and my milk.

吃了我的蜜房和蜂蜜, 喝了我的酒和奶.

我	已	解	衣
나(아)	이미(이)	풀(해)	옷(의)

내가 옷을 벗었으니,

我	已	解	衣

焉	能	復	着
어찌(언)	능할(능)	다시(부)	입을(착)

어찌 다시 입겠으며,

焉	能	復	着

내가 옷을 벗었으니 어찌 다시 입겠으며, (아 5:3)

I have taken off my dress, how can I put it on again,

我脫了衣裳, 怎能再穿上呢?

我	已	濯	足
나(아)	이미(이)	씻을(탁)	발(족)

焉	能	復	汚
어찌(언)	능할(능)	다시(부)	더러울(오)

내가 발을 씻었으니,　　　　　　**어찌 다시 더럽히겠는가.**

我	已	濯	足

焉	能	復	汚

내가 발을 씻었으니 어찌 다시 더럽히랴. (아 5:3)

I have washed my feet, how can I dirty them again.

我洗了脚, 怎能再玷污呢?

我	之	良	人
나(아)	~의(지)	좋을(량)	사람(인)

내 사랑하는 자는

色	白	而	紅
빛(색)	흰(백)	그리고(이)	붉을(홍)

희고도 붉구나.

我	之	良	人

色	白	而	紅

내 사랑하는 자는 희고도 붉구나. (아 5:10)

My beloved is dazzling and ruddy.

我的良人, 白而且红,

首	若	精	金
머리(수)	같을(약)	정할(정)	쇠(금)

머리는 순금 같고

首	若	精	金

色	黑	如	鴉
빛(색)	검을(흑)	같을(여)	까마귀(아)

까마귀같이 검구나.

色	黑	如	鴉

📖 ——————

머리는 순금 같고 까마귀같이 검구나. (아 5:11)

His head is like gold, pure gold, and black as a raven.

他的头像至精的金子, 黑如乌鸦.

我	之	良	人
나(아)	~의(지)	좋을(량)	사람(인)

내 사랑하는 자가

進	入	其	園
나아갈(진)	들(입)	그(기)	동산(원)

자기 동산으로 들어가,

 ───────────

내 사랑하는 자가 자기 동산으로 들어가, (아 6:2)

My beloved has gone down to his garden,

我的良人下入自己园中,

遊	行	園	中
놀(유)	갈(행)	동산(원)	가운데(중)

동산 가운데에서

遊	行	園	中

採	百	合	花
뜯을(채)	일백(백)	합할(합)	꽃(화)

백합화를 꺾는구나.

採	百	合	花

동산 가운데에서 백합화를 꺾는구나. (아 6:2)

In the gardens and to gather lilies.

在园内, 采百合花.

王	妃	六	十
임금(왕)	왕비(비)	여섯(육)	열(십)

왕비가 육십 명이요,

王	妃	六	十

妃	嬪	八	十
왕비(비)	궁녀(빈)	여덟(팔)	열(십)

후궁이 팔십 명이요.

妃	嬪	八	十

왕비가 육십 명이요 후궁이 팔십 명이요. (아 6:8)

There are sixty queens and eighty concubines.

有六十王后八十妃嬪,

衆	女	見	之
무리(중)	여자(녀)	볼(견)	그(지)

여자들이 (그를) **보고**

衆	女	見	之

稱	之	爲	福
일컬을(칭)	그(지)	할(위)	복(복)

복된 자라 하는구나.

稱	之	爲	福

여자들이 (그를) 보고 복된 자라 하는구나. (아 6:9)

The maidens saw her and called her blessed,

众女子见了, 就称她有福;

后	嬪	見	她
왕비(후)	궁녀(빈))	볼(견)	그녀(타)

왕비와 후궁들도 그녀를 보고

無	不	譽	揚
없을(무)	아닐(불)	기릴(예)	날릴(양)

칭찬하는구나.

后	嬪	見	她

無	不	譽	揚

왕비와 후궁들도 그녀를 보고 칭찬하는구나. (아 6:9)

Queens and the concubines saw her and praised her.

王后妃嬪见了, 也赞美她.

歸	來	歸	來
돌아올(귀)	올(래)	돌아올(귀)	올(래)

돌아오고 돌아오라,

歸	來	歸	來

書	拉	密	女
글(서)	끌(랍)	빽빽할(밀)	여자(녀)

술람미 여자야.

書	拉	密	女

돌아오고 돌아오라 술람미 여자야. (아 6:13)

Come back, come back, O Shulammite.

回来, 回来, 书拉密女;

顯	者	之	女
귀할(현)	사람(자)	~의(지)	딸(녀)

귀한 자의 딸아,

顯	者	之	女

爾	足	納	履
너(이)	발(족)	신을(납)	신(리)

신을 신은 네 발이

爾	足	納	履

귀한 자의 딸아 신을 신은 네 발이, (아 7:1)

*顯(현): 나타나다, 귀하다, 지위가 높다, 명확하다, 분명하다, 명성이 있다, 돌아가신 부모.

O prince's daughter, your feet in sandals,

王女阿, 你的脚在鞋中

何	其	美	乎
어찌(하)	그(기)	아름다울(미)	구나(호)

(너의 발이) 어찌 그리 아름다운가,

何	其	美	乎

爾	股	圓	潤
너(이)	다리(고)	둥글(원)	윤택할(윤)

네 넓적다리는 둥글어서

爾	股	圓	潤

(너의 발이) 어찌 그리 아름다운가, 네 넓적다리는 둥글어서, (아 7:1)

How beautiful (are your feet in sandals), the curves of your thighs (are like ornaments),

何其美好, 你的大腿圆润,

猶	若	瓔	珞
가히(유)	같을(약)	옥돌(영)	목걸이(락)

巧	工	所	製
공교할(교)	장인(공)	바(소)	지을(제)

(아름다운) 구슬꿰미로　　　**숙련공이 만든 것 같구나.**

猶	若	瓔	珞

巧	工	所	製

숙련공이 만든 (아름다운) 구슬꿰미 같구나. (아 7:1)

The work of the hands of an jewellery artist.

好像美玉, 是巧匠的手做成的

臍	如	圓	盂
배꼽(제)	같을(여)	둥글(원)	사발(우)

盛	以	酒	醴
채울(성)	써(이)	술(주)	단술(례)

배꼽은 둥근 잔 같은데,   **섞은 포도주를 가득히 부었구나.**

臍	如	圓	盂

盛	以	酒	醴

배꼽은 섞은 포도주를 가득히 부은 둥근 잔 같고, (아 7:2)

Your navel is like a round goblet which never lacks mixed wine,

你的肚脐如圆杯, 不缺调和的酒;

腰	如	麥	束
허리(요)	같을(여)	보리(맥)	묶을(속)

허리는 밀단 같아,

周	以	百	合
두를(주)	로써(이)	일백(백)	합할(합)

백합화로 두른 것이구나.

허리는 백합화로 두른 밀단 같구나. (아 7:2)

Your belly is like a heap of wheat fenced about with lilies.

你的腰如一堆麦子, 周围有百合花.

首	如	迦	密
머리(수)	같을(여)	만날(가)	빽빽할(밀)

髮	如	紫	絨
머리털(발)	같을(여)	자줏빛(자)	가는베(융)

머리는 갈멜 (산) 같고,　　　　　　**머리털은 자주색 베와 같구나.**

首	如	迦	密

髮	如	紫	絨

머리는 갈멜 (산) 같고 머리털은 자주색의 베로구나. (아 7:5)

Your head crowns you like Mount Carmel, the hair of your head like purple.

你的头在你身上好像迦密山, 你头上的发是紫黑色;

我	所	愛	者
나(아)	바(소)	사랑(애)	사람(자)

내 사랑 하는 자야,

爾	何	美	麗
너(이)	어찌(하)	아름다울(미)	고울(려)

네가 어찌 그리 아름다운지.

我	所	愛	者

爾	何	美	麗

사랑아 네가 어찌 그리 아름다운지. (아 7:6)

How beautiful and how delightful you are.

我所爱的, 你何其美好!

爾	之	身	量
너(이)	~의(지)	몸(신)	헤아릴(량)

猶	如	棕	樹
가히(유)	같을(여)	종려나무(종)	나무(수)

네 키는

종려나무 같고,

爾	之	身	量

猶	如	棕	樹

네 키는 종려나무 같고, (아 7:7)

Your stature is like a palm tree,

你的身量好像棕树;

乳	如	其	果
젖(유)	같을(여)	그(기)	실과(과)

纍	纍	下	垂
여러(루)	여러(루)	아래(하)	드리울(수)

(네) 유방은 탐스런 열매 같고,　　　　　**아래로 드리운 (열매)송이구나.**

乳	如	其	果

纍	纍	下	垂

(네) 유방은 탐스런 열매 같고 아래로 드리운 열매 송이구나. (아 7:7)

And your breasts are like its clusters.

你的两乳如同其上的果子, 累累下垂.

我	屬	我	良
나(아)	무리(속)	나(아)	좋을(량)

나는 내 사랑하는 자에게 속하였고,

我	屬	我	良

彼	亦	戀	我
저(피)	또(역)	사모할(련)	나(아)

그가 나를 사모하는구나.

彼	亦	戀	我

나는 내 사랑하는 자에게 속하였고, 그가 나를 사모하는구나. (아 7:10)

I am my beloved's, and his desire is for me.

我属我的良人, 他也恋慕我.

我	良	人	乎
나(아)	좋을(량)	사람(인)	야(호)

내 사랑하는 자야,

爾	偕	我	去
너(이)	함께(해)	나(아)	갈(거)

너와 내가 함께 가자.

我	良	人	乎

爾	偕	我	去

내 사랑하는 자야 너와 내가 함께 가자. (아 7:11)

Come, my beloved, let us go out into the country.

我的良人, 来吧!

同	往	田	間
함께(동)	갈(왕)	밭(전)	사이(간)

함께 들로 가서

宿	於	鄉	村
잘(숙)	~에서(어)	시골(향)	마을(촌)

동네에서 유숙하자.

同	往	田	間

宿	於	鄉	村

함께 들로 가서 동네에서 유숙하자. (아 7:11)

Let us go out into the country, let us spend the night in the villages.

你我可以往田间去; 你我可以在村庄住宿.

我	必	導	爾
나(아)	반드시(필)	이끌(도)	너(이)

내가 너를 이끌어

攜	到	我	家
이끌(휴)	이를(도)	나(아)	집(가)

우리 집으로 데려와서

내가 너를 이끌어 우리 집으로 데려와서 (아 8:2)

I would bring you to my childhood home.

我必引导你, 领你进我亲的家;

我	被	敎	導
나(아)	입을(피)	가르칠(교)	이끌(도)

나는 가르침을 입고

給	爾	香	酒
줄(급)	너(이)	향기(향)	술(주)

네게 향기로운 술을 마시게 하며,

 ────────────

네게서 교훈을 받고, 나는 향기로운 술로, (아 8:2)

*惟(유): 생각하다, 도모하다, 오로지, 마땅하다, 이(어조사), ~와(접속사).

She is the one who was my teacher. I would give you some spiced wine to drink,

我可以領受敎訓、使你喝香酒

石	榴	之	果
돌(석)	석류나무(류)	~의(지)	실과(과)

곧 석류 즙으로

石	榴	之	果

甘	汁	飮	爾
달(감)	즙(즙)	마실(음)	너(이)

(네게) 마시게 하겠고

甘	汁	飮	爾

곧 석류 즙으로 네게 마시게 하겠고 (아 8:2)
Some juice squeezed from my pomegranates
也就使你喝石榴汁.

其	之	左	手
그(기)	~의(지)	왼(좌)	손(수)

너는 왼팔로는

其	之	左	手

托	我	首	下
받칠(탁)	나(아)	머리(수)	아래(하)

내 머리를 받치고,

托	我	首	下

📖 ────────

너는 왼팔로는 내 머리를 받치고, (아 8:3)

His left arm is under my head

他的左手必在我頭下;

其	之	右	手
그(기)	~의(지)	오른쪽(우)	손(수)

오른손으로는

其	之	右	手

必	擁	抱	我
반드시(필)	안을(옹-)	안을(포)	나(아)

나를 안았으리라.

必	擁	抱	我

오른손으로는 나를 안았으리라. (아 8:3)

And his right arm embraces me.

他的右手必將我抱住.

多	量	之	水
많을(다)	헤아릴(량)	~의(지)	물(수)

많은 물도

不	息	愛	情
아닐(애)	쉴(식)	사랑(애)	뜻(정)

사랑을 끄지 못할 것이며

많은 물도 이 사랑을 끄지 못할 것이며 (아 8:7)

*之(지): 가다, 이르다, ~의, 그, 이, 그것, (뜻이 없이 문법상의 결합관계를 나타냄).

Many waters cannot quench love

爱情, 众水不能息灭,

洪	水	此	亦
큰물(홍)	물(수)	이(차)	또(역)

홍수라도

洪	水	此	亦

不	能	淹	沒
아니(불)	능할(능)	담글(엄)	빠질(몰)

엄몰하지 못하리라.

不	能	淹	沒

홍수라도 엄몰하지 못하리라. (아 8:7)

Rivers cannot wash it away.

大水也不能淹沒.

我	之	良	人
나(아)	~의(지)	좋을(량)	사람(인)

내 사랑하는 자야

我	之	良	人

爾	且	趨	去
너(이)	또(차)	달릴(추)	갈(거)

너는 빨리 달리라.

爾	且	趨	去

내 사랑하는 자야 너는 빨리 달리라. (아 8:14)

Come away, my lover,

我的良人哪、求你快來!

爾	如	獐	鹿
너(이)	같을(여)	노루(장)	사슴(록)

너는 노루와 사슴과도 같은데

在	香	草	山
있을(재)	향기(향)	풀(초)	모(산)

향기로운 산 위에 있구나.

爾	如	獐	鹿

在	香	草	山

너는 향기로운 산 위에 있는 노루와도 같고 어린 사슴과도 같아 (아 8:14)

And be like a gazelle or like a young stag on the spice-laden mountains.

如羚羊或小鹿在香草山上.

참고문헌

성경

聖書 新公同譯, 社團法人 日本聖書協會, 1960.

現代中文譯本修整版 聖經, 香港聖經公會, 1962.

貫珠 聖經全書 大韓聖書公會, 1964.

新舊約全書 上帝版 聖經, 台灣聖經公會, 1997.

漢文聖經(1912年 發刊), 金炅洙編, 2010.

성경전서(개역한글), 대한성서공회, 1965.

새번역성경, 아가페출판사, 2002.

현대인의성경, 생명의말씀사, 2004.

성경전서(개역개정), 대한기독교서회, 2011.

NASB(New American Standard Bible) THE LOCKMAN FOUNDATION, 1960.

Holy Bible, United Bible Societies, 1965.

NIV(New International Version), United Bible Societies, 1973.

KJV(1611 Edition King James Version), 말씀보존학회, 2011.

성경 외

舊約註釋, 上海中國聖教書會印發, 1911.

新約註釋, 上海中國聖教書會印發, 1911.

기독교대사전, 조선출, 대한기독교서회, 1970.

성서백과사전, 성서교재간행사, 1980.

기독교대백과사전, 기독문화사, 1982.

국어대사전, 이희승, 금성출판사, 1992.

네이버 사전 (NAVER dictionary) dic.naver.com

대한성서공회 http://www.bskorea.or.kr

두피디아 https://www.doopedia.co.kr

브리태니커 백과사전 premium.britannica.co.kr

한국어 사전 https://ko.wikipedia.org/wiki/한국어_사전

한국어-히브리어 사전 https://ko.glosbe.com

홀리넷 http://www.holybible.or.kr

사자성경
3 잠언-아가

III Proverbs - Song of songs
Four - Character Idioms of Bible

2019. 4. 18. 초판 1쇄 인쇄   2019. 4. 30. 초판 1쇄 발행   **편저자** 정종기
펴낸이 정애주
국효숙 김기민 김서현 김의연 김준표 송승호 오민택 오형탁 윤진숙 임승철 임진아 임영주 차길환 최선경 허은
펴낸곳 주식회사 홍성사
등록번호 제1-499호 1977. 8. 1.   **주소** (04084) 서울시 마포구 양화진4길 3   **전화** 02) 333-5161   **팩스** 02) 333-5165
홈페이지 www.hsbooks.com   **이메일** hsbooks@hsbooks.com
페이스북 facebook.com/hongsungsa   **양화진책방** 02) 333-5163
ⓒ 정종기, 2019   • 잘못된 책은 바꿔 드립니다.   • 책값은 뒤표지에 있습니다.
이 도서의 국립중앙도서관 출판예정도서목록(CIP)은 서지정보유통지원시스템 홈페이지(http://seoji.nl.go.kr)와
국가자료공동목록시스템(http://www.nl.go.kr/kolisnet)에서 이용하실 수 있습니다.(CIP제어번호: CIP2019015036)
ISBN 978-89-365-1367-2(04720)   **ISBN** 978-89-365-0551-6(세트)